Para

com votos de paz.

DIVALDO FRANCO
pelo Espírito JOANNA DE ÂNGELIS

OFERENDA

EDITORA LEAL

Salvador
7. ed. – 2024

COPYRIGHT © (1979)
CENTRO ESPÍRITA CAMINHO DA REDENÇÃO
Rua Jayme Vieira Lima, 104
Pau da Lima, Salvador, BA.
CEP 412350-000
SITE: https://mansaodocaminho.com.br
EDIÇÃO: 7. ed. (1ª reimpressão) – 2024
TIRAGEM: 1.000 exemplares (milheiro 31.500)
COORDENAÇÃO EDITORIAL
Lívia Maria C. Sousa

REVISÃO
Lívia Maria C. Sousa • Plotino da Matta
CAPA
Cláudio Urpia
MONTAGEM DE CAPA
Ailton Bosco
EDITORAÇÃO ELETRÔNICA
Ailton Bosco
COEDIÇÃO E PUBLICAÇÃO
Instituto Beneficente Boa Nova

PRODUÇÃO GRÁFICA
LIVRARIA ESPÍRITA ALVORADA EDITORA – LEAL
E-mail: editora.leal@cecr.com.br

DISTRIBUIÇÃO
INSTITUTO BENEFICENTE BOA NOVA
Av. Porto Ferreira, 1031, Parque Iracema. CEP 15809-020
Catanduva-SP.
Contatos: (17) 3531-4444 | (17) 99777-7413 (WhatsApp)
E-mail: boanova@boanova.net
Vendas on-line: https://www.livrarialeal.com.br

Dados Internacionais de Catalogação na Publicação (CIP)
(Catalogação na fonte)
BIBLIOTECA JOANNA DE ÂNGELIS

F825	FRANCO, Divaldo Pereira. (1927) *Oferenda*. 7. ed. / Pelo Espírito Joanna de Ângelis [psicografado por] Divaldo Pereira Franco, Salvador: LEAL, 2024. 216 p. ISBN: 978-65-86256-07-9 1. Espiritismo 2. Psicografia 3. Reflexões morais I. Franco, Divaldo II. Título CDD: 133.93

Bibliotecária responsável: Maria Suely de Castro Martins – CRB-5/509

DIREITOS RESERVADOS: todos os direitos de reprodução, cópia, comunicação ao público e exploração econômica desta obra estão reservados, única e exclusivamente, para o Centro Espírita Caminho da Redenção. Proibida a sua reprodução parcial ou total, por qualquer meio, sem expressa autorização, nos termos da Lei 9.610/98.
Impresso no Brasil | Presita en Brazilo

Sumário

Oferenda 9
1. Jesus veio 13
2. Passaporte para a vida 17
3. Respeito à vida 21
4. Animosidade 25
5. Com fé e ação 29
6. Alegria 33
7. Interferência espiritual 37
8. Conduta ante inimigos 39
9. Graça e reencarnação 43
10. Sono e vida 47
11. Momentos de aflição e prova 49
12. Médiuns e investigadores 51
13. Cultivo do bem 55
14. Indiferentes 57
15. Enfermos da alma 61
16. Rota a seguir 63
17. A tua parte 67

18. Nunca a sós 71
19. Cooperador de Deus 73
20. Em face da morte 77
21. Querer 81
22. Em vigilância 83
23. Extremos de amor 85
24. Esclarecer 89
25. Autocomiseração 93
26. Vigilância 97
27. Permanecer com Jesus 99
28. Área perigosa 101
29. Caridade transferida 105
30. Conflitos e aflições 107
31. Dependências 111
32. Autoridade e dever 115
33. Adversário cruel 119
34. Compaixão e severidade 121
35. Viagem da reencarnação 125
36. Tua doação 129
37. Médiuns em desfile 133
38. Terapêutica desobsessiva 137
39. Conceituação de felicidade 141
40. Profilaxia mental 143
41. Sê alguém. Faze o mesmo 147

42.	Com Jesus	149
43.	Ante o bem e o mal	151
44.	Oportunidade da paciência	155
45.	Sem retenção egoística	159
46.	Incerteza e ação	163
47.	Programa de autoiluminação	167
48.	Serviço hoje	169
49.	O problema da renúncia	173
50.	Rumo às estrelas	177
51.	Indispensabilidade do trabalho	181
52.	Educação mediúnica	183
53.	Prisão e liberdade	187
54.	Aspiração e método	189
55.	Pressentimentos	193
56.	Jesus sabe	197
57.	Esclarecimento e escândalo	201
58.	Permanente Natal	205
59.	Surpresa e saudade	209
60.	Render graças	213

Oferenda

Graças aos veículos de comunicação, vasta carga de informações chega ao homem moderno, sem permitir-lhe o tempo necessário para filtrá-la devidamente.

Os avanços da Ciência aliada à Tecnologia favorecem a vida hodierna com aparelhagem sofisticada e complexas concessões sem facultar o tempo hábil para a familiaridade com elas.

Instrumentos surgem, incessantemente, sendo superados por outros mais complexos, que os substituem em alarmante celeridade.

As indústrias atiram no mercado massificador volumosos índices de produtos que se disputam primazia, desde as variadas formas de alimentação, às perturbadoras inutilidades, que passam a constituir **necessidade** de primeira urgência.

Milhares de títulos de obras diversas são lançados, a cada ano, nos últimos decênios, alcançando inesperadas edições, que se sucedem, chegando algumas à fabulosa cifra dos milhões de exemplares...

As ameaças de guerras e as já existentes deixam de ser fantasmas para conviverem com a criatura ou esta com as calamidades bélicas.

A violência e a gravidade ganham as ruas do mundo, levando o indivíduo a habituar-se com o calamitoso estado social, derrapando, não raro, na indiferença, quando o problema não o atinge diretamente, ou na ferocidade, quando ferido nos seus como nos interesses de sua família...

Vinte séculos de Cristianismo e tão escassa coleta de paz!

É inegável o progresso tecnológico a eclodir, na Terra, no entanto são incontestáveis a dor, a miséria, a ignorância, a fome...

Genocídios de povos quase inteiros ocorrem diante do olhar e dos sentimentos indiferentes da atual civilização.

Paixões políticas de grupos ávidos pelo poder, em disputa insana, levam à fuga, à morte milhões de criaturas, que suplicam um lar, nada encontrando, senão justificativas para a negação e discussões, debates intérminos, que em nada resultam a benefício dos que tombam, inermes, nos campos de refugiados ou ao abandono total.

Nenhuma crítica, porém, de nossa parte.

Não nos arrogamos o direito de árbitro diante da paisagem humana, neste ocaso de século.

Ocorre, no entanto, que uma oferenda de amor consegue modificar qualquer situação a curto ou longo prazo.

Quando falharem as técnicas mais preciosas, na solução dos afligentes problemas humanos, torna-se indispensável a oferenda de amor que se haure no Evangelho, como fórmula salutar para os tremendos sofrimentos que crescem, ameaçando-nos a todos.

Não apenas aos que enxameiam nas favelas e bairros sórdidos do mundo, mas também aos que se situam nas posições de alto coturno, nas esferas socioeconômicas elevadas...

Oferenda

Os primeiros padecem as injustiças gerais do momento, do desamor, e os últimos, que mantêm tal situação, passam a ser as vítimas daqueles, os que agridem, enlouquecidos, em cobrança infeliz...

Nunca se fez tão necessária a Mensagem de Jesus quanto agora.

Enxameiam informações, escasseiam exemplos.

O mundo clama por novos Francisco de Assis e Mohandas Gandhi, mas também por palavras de orientação e consolo que possam diminuir as angústias e acalmar as almas.

Cada um deve fazer a sua oferenda, contribuindo para a melhoria urgente da situação lamentável.

Este pequeno livro é a nossa.

Constituído por apontamentos e reflexões cristãos-espíritas, apresenta sugestões para as ocorrências dolorosas do dia a dia, conclamando à pacificação, à humildade, à irrestrita confiança em Deus.

Não esperamos que resolvam as dificuldades, que se apresentam atordoantes – gotas d'água em incêndio devorador –, no entanto, é um esforço válido para diminuir o drama vigente, na sua crescente tragédia devastadora.

Um amigo nunca é dispensável; uma palavra gentil jamais é desprezível; um gesto de apoio e solidariedade nunca é demasiado.

Confiamos que esta oferenda chegará ao teu Espírito, caro amigo, como expressão de ternura e encorajamento, para tornar menos áspero o processo de evolução, no qual todos nos encontramos engajados, sob as bênçãos de Jesus, o Incansável Doador.

Joanna de Ângelis
Salvador, 5 de novembro de 1979.

1
JESUS VEIO

Ele veio e é a *Luz do mundo*.
Depois d'Ele nunca mais a treva se fez vitoriosa.
Enquanto predominavam a violência, a agressividade, a escravidão dos vencidos, o vilipêndio dos valores morais a benefício da força e do orgulho, Jesus veio ter com os homens.

Toda a Sua vida constitui até hoje a afirmação do Espírito invencível sobre a precariedade das coisas utópicas do mundo.

Assinalando com a humildade o Seu berço, demonstrou que cada um é a soma das aquisições pessoais, intransferíveis, que se sobrepõem às situações e enganosas distinções da vilegiatura física dos povos.

Nenhum estardalhaço em Seu ministério se registra, privilégio nenhum.

Caracterizado pela nobreza e elevação espiritual de que se encontrava investido, propôs o amor como terapêutica para a violência e o viveu integralmente.

Nunca traiu o postulado em que alicerçou a Sua Mensagem de esperança e paz.

Deu-se a si mesmo em todos os lances da vida, olvidando-se, intimorato, das próprias conveniências, pensando nas criaturas humanas e submisso às Superiores Determinações do Pai.

Exaltando o amor como caminho único para alcançar a felicidade, tornou-se o Amor, por enquanto ainda não amado.

Ele veio, e Sua vida mudou os rumos do pensamento, estabelecendo diferente diretriz histórica.

Com Ele surgiu o homem integral, protótipo perfeito que Deus nos "concedeu para servir de modelo e guia".

Identifica-te com Ele, deixando-te impregnar pelos Seus exemplos, a teu turno apresentando-O aos companheiros do processo evolutivo, em que te encontras.

Em situação alguma te afastes d'Ele.

Pensa no labor que Ele desenvolveu e aceita-lhe o convite para O seguir.

Hoje, mais do que nunca, quando novamente a violência e o crime se dão as mãos, a dor e o desespero explodem em todo lugar, vive Jesus, trazendo-O de volta, pelo teu exemplo, aos que ainda não O conhecem devidamente.

Ele veio e nunca se apartou de nós.

❖

Não importa que a data do Seu nascimento seja simbólica.

Inquestionável é o fato: Ele veio e ninguém conseguiu realizar, até hoje, o que Ele fez.

Faze a tua parte, e evoca-Lhe o Natal em todos os dias da tua vida, tornando-a sinfonia de feitos.

Oferenda

Se te parecer difícil lográ-lo, inicia, neste Natal, o dia novo da tua perfeita comunhão com Jesus, auxiliando o nascimento d'Ele em outros Espíritos, e prosseguindo sem cansaço até o momento da tua libertação total.

Faze do dia do Natal o teu momento de paz, que se tornará um permanente compromisso com Jesus, em favor das criaturas para as quais Ele veio.

2
Passaporte para a vida

Na pauta das tuas atividades e reflexões diárias, inclui a questão da morte como de primacial importância. Mesmo que transites num corpo jovem e harmonioso, nenhuma garantia possuis quanto à sua durabilidade.

Se a madureza das forças já caracteriza a tua jornada, de menos tempo dispões, desde que encetaste a marcha.

Caminhando com os passos exauridos da senectude, já defrontas o pórtico da Imortalidade em triunfo, que a todos aguarda e recebe.

Em qualquer condição que te encontres: na saúde, na doença, na juventude, na velhice, convives com a morte do corpo físico, desde que o estado fisiológico de forma alguma serve de parâmetro para considerar a dimensão da vida.

Os acidentes de vária procedência, revelando-se em forma de infortúnios, chamam, a cada dia, os jovens, deixando os idosos; convocam os sadios, em vez dos enfermos, reconduzindo-os ao País da vida além da vida.

Morrer é transformar-se molecularmente, abandonar o pesado envoltório material para movimentar-se em diferente faixa vibratória.

A morte é apenas o passaporte para a vida.

❖

Incorporando ao cotidiano o programa de preparação para a morte, encontrarás alento para enfrentar as vicissitudes e vencer os impedimentos que, não poucas vezes, repontam pela senda redentora.

Sempre defrontarás a morte nos sucessos da vida e descortinarás a Vida após o deslinde pela morte.

Aqui, é um filho querido que te precede, ou um irmão a quem te vinculas pela consanguinidade carnal que se transfere do corpo; ali, é um esposo afeiçoado que rompeu as barreiras da forma somática, ou um genitor extremoso que foi conduzido à Vida nova; acolá, é um amigo que se desvencilhou dos liames fisiológicos ou um conhecido que não esperavas viajasse tão cedo, e seguiu no veículo da desencarnação...

A surpresa estará presente no teu dia a dia, em relação aos que partem fazendo-te considerar, mesmo que não o queiras, a fragilidade da enfibratura física.

Nesse comenos, quiçá, chega o instante em que será a tua vez, o momento de abandonar o escafandro material, a fim de respirares outra atmosfera e habitares noutra faixa de vibração.

Não te deixes atemorizar pela morte nem a desconsideres.

Ante alguém querido que rumou para o País da sobrevivência, refugia-te na oração e mergulha o pensamento na confiança irrestrita em Deus.

Lene a saudade, que a ausência dele te impõe, através da memória dos momentos felizes que fruíste ao lado desse afeto, hoje fisicamente distante... Ele receberá a tua mensagem emocional pelo telefonema do pensamento e também se renovará. Sentir-se-á evocado pelo teu carinho e estabelecerá um intercâmbio com que te nutrirá de esperança, em face do reencontro que se dará oportunamente.

Colhido pela partida inesperada de um ser amado, não te revoltes, expelindo o ácido do desespero ou atirando espículos de blasfêmias injustificáveis, com ambas as atitudes atormentando-te e mais afligindo aquele que necessita das tuas reservas de forças psíquicas e morais, a fim de renovar-se e prosseguir em paz.

Todos que se encontram no corpo físico deixá-lo-ão, atravessando a aduana da morte, na direção da Imortalidade em plenitude de vida.

3
Respeito à vida

O respeito à vida se fundamenta na Lei Natural, a Lei de Amor.

Em todo lugar onde vige a vida do homem, cumpre o dever de respeitá-la, preservando-a.

Não somente consideração pela sua existência, como esforço bem dirigido por sustentá-la.

Respeito à Natureza, aos minerais, aos vegetais, aos animais, ao homem...

A criança, que se acerca de ti, impõe-te o respeito que merece o futuro, nela em gérmen.

O azedume, a rispidez, a impiedade, a dureza com que a receberes, dela farão o cidadão desventurado, que a intemperança moldou.

Ninguém tem o direito de espezinhar um ser em formação, sem incorrer no grave delito – que a Lei anota – de perturbar-lhe a marcha...

O jovem, que procura o teu apoio, é digno de respeito, porque em trânsito orgânico e psíquico, nele se insculpem os comportamentos que mais o atinjam.

As expressões da agressividade com que seja tratado despertarão nele o réprobo que dorme e poderia ser vencido, fossem outras as atitudes com que o recebessem...

O adulto necessita de respeito.

O hábito de pensar e falar mal do próximo facilita a deterioração do conceito em torno das criaturas, facilitando o descrédito e a desconsideração pelos outros.

Ninguém tem o direito de medir o comportamento de outrem pelas suas reações, nem julgar com os dados que se atribui possuir.

Aquele que parece censurável está sob injunções que pedem ajuda e caridade, não reprimenda e desrespeito.

O respeito à pessoa humana é impositivo cristão, dever que toda criatura é convidada a sustentar no relacionamento social.

Alguém em ignorância espera a claridade do conhecimento; em doença, a dádiva do medicamento; em abandono, o contributo da solidariedade; em qualquer circunstância, a competente ajuda.

Ajuda sempre!

O ancião, em combalimento, tem necessidade do respeito pela existência vencida a duras penas e do apoio que as fracas forças esperam da juventude e da madureza dos homens...

Respeito sempre!

Coloca-te na situação do outro; procura pensar como o outro; compenetra-te da posição do outro e compreenderás a alta significação do que é o respeito que gostarias de receber, como desejarias ser tratado.

Faze, então, conforme pretendes que façam contigo.

Oferenda

Jesus atendeu a uma mulher aturdida, sem sindicar-lhe o passado, nem examinar-lhe o presente; abençoou as criancinhas, sem selecioná-las por casta ou posição social; recebeu os enfermos do caminho sem inquiri-los quanto às causas das suas mazelas; ouviu o ladrão na cruz sem interrogá-lo quanto aos motivos que o tornaram delinquente...

A todos ajudou, amoroso, valorizando e socorrendo cada um com profundo respeito pela vida, respeito pela criatura.

4
ANIMOSIDADE

Viceja, ao lado da simpatia, no sentimento humano, a animosidade.

Reação psíquica, vinculada a vários fatores, atormenta a quem lhe padece o cerco e aflige a quem se lhe faz vítima, conduzindo-a na alma.

Pode originar-se na competição inconsciente, quanto na inveja dissimulada, imiscuindo-se em várias expressões do comportamento, que envenena, a cada passo.

Toma a si a tarefa malsã de fiscal impenitente, perseguindo, à socapa, no disfarce da maledicência constante ou da crítica mordaz, não raro investindo com rigor em constante acusação.

Não desculpa os que lhe caem sob o talante, quando estes erram, nem permite que eles acertem, seguindo em paz.

Ante a atitude correta, dissemina a dúvida; em face do erro, agride, insensata, quando de todos é o dever de ajudar.

Nunca te subordines às suas amarras.

Jamais a apliques contra alguém.

A animosidade é fator de desequilíbrio, sendo, já, manifestação alienadora.

Se sentes as suas farpas, arrojadas por alguém que te antipatiza, luta para não revidar à agressão.

Não te deixes sintonizar nas faixas mentais em que se demoram os que se te apresentam animosos.

Procura ser gentil com eles, sem que te atormentes por conquistá-los.

Eles estão contra ti, impedindo-se cordialidade para contigo.

Não intentes vencê-los no tentame, a fim de que não te detenhas com eles.

Usa da afabilidade sem ser pusilânime.

O tempo logrará despertá-los, conduzindo-os corretamente.

Ninguém pretenda a simpatia geral.

Sempre há alguém que postula noutros conhecimentos, comportando-se de forma diversa, ou que prefere, simplesmente, a atitude contrária.

Mesmo nas fileiras dos ideais que esposas, defrontá-los-ás.

Alguns não se dão conta de que estão teledirigidos por outras mentes atormentadas, interessadas no programa do divisionalismo, da perturbação.

Prossegue, porém, no teu caminho, vinculado ao compromisso que abraças, sem valorizar em demasia a animosidade dos insensatos.

Se souberes retirar a parte melhor do problema, a antipatia deles te ajudará a errar menos, porque, perseguido e vigiado, procurarás produzir com mais estímulo para o bem e para melhor.

A Sócrates, os adversários deram o vaso de cicuta, não porque ele necessitasse de punição, mas porque não o podiam submeter aos seus caprichos.

A Jesus, que também não se furtou à animosidade da Sua época nem dos Seus contemporâneos, ofereceram a cruz, numa tentativa de aniquilá-lO, sem, no entanto, perceberem que a trave horizontal fora transformada em asa de vitória, e a vertical em apoio para todos os ideais de enobrecimento da Humanidade, como símbolo de perene vitória para quem almeja a glória espiritual.

5

COM FÉ E AÇÃO

Fazendo um balanço dos teus atos, numa tentativa de encontrar as causas do sofrimento na presente existência, e não encontrando razões que as justifiquem, considera a possibilidade das vidas anteriores, nas quais se encontram as gêneses dos teus problemas atuais.

Grande parte das dores que afligem o homem procede da vida presente, como efeito próximo, imediato, dos seus próprios erros.

Outras aflições, porém, aparentemente injustificáveis, na sua explosão rude quão severa, resultam de existências passadas, nas quais foram malogrados ou esquecidos os objetivos nobres da vida.

O trânsito carnal é oportunidade preciosa, que não pode ser desconsiderada, sem graves consequências.

Todos avançamos, no processo da evolução, mediante a aplicação dos recursos de que dispomos.

Ninguém marcha a esmo, sem objetivo.

A tarefa hoje não realizada será retomada à frente; o ministério agora interrompido ressurgirá adiante.

Não te entregues à revolta sistemática, quando visitado pela dor de qualquer natureza.

Procura, nesta vida, as matrizes do sofrimento, a fim de saná-las e, se não as encontrares, transfere para a paciência e a resignação o mister de anulá-las, pois que vicejam desde reencarnações transatas.

O que ora sucede teve início antes.

A árvore que ora vês gigantesca dormia na semente minúscula.

O incêndio voraz que agora domina já vibrava na chama insignificante.

Recorre à calma, quando as tenazes do sofrimento te comprimirem o corpo, o sentimento, a alma...

Evita o conceito derrotista: "Não tenho forças".

Libera-te da posição pessimista: "Nunca sairei desta".

A luta é, também, motivo de progresso, e a dor é o *meirinho* encarregado de selecionar, ante a cobrança da Vida, os que podem ser promovidos, sem vínculos com a retaguarda.

Se descobres os fatores atuais dos teus sofrimentos, não te permitas a lamentação inútil, nem o arrependimento inconsequente, aquele que autoaflige e só desequilibra.

Consciente dos erros, reabilita-te, recompõe-te.

Nunca te perguntarão como triunfaste, mas todos te abraçarão quando triunfante.

Se não identificas as causas anteriores das provações que ora experimentas, entrega-te a Deus e expunge todos os torpes deslizes em que tombaste, erigindo em pranto e prece o altar da tua própria vitória.

Oferenda

O Pai confia em ti, de tal forma que te permite a marcha evolutiva.

Cumpre-te n'Ele confiar, avançando e crescendo, até ao momento da tua libertação com fé e ação dignificadora.

6
Alegria

Toda a Boa-nova é uma epopeia de júbilos.

Nasce Jesus nos dias alegres de um recenseamento romano e morre durante os festejos pascoais.

A Sua jornada é toda um hino de amor à vida, em que espocam infinitas alegrias nas criaturas humanas.

O Seu ministério faz-se enflorescido pelas bênçãos da alegria que Ele faculta a todos que O cercam.

Suas parábolas e palavras de engrandecimento moral e de libertação das paixões podem ser consideradas como um cântico de alegria para todos os seres.

Mesmo quando a ingratidão O fere e persegue, Suas lágrimas são de piedade pelos homens, sem que abandone a perfeita alegria do amor que O une ao Pai.

Não digas que o Evangelho, chamando-te à responsabilidade e ao serviço do bem, torna-te entristecido.

Evita a sisudez e a carranca.

Cenho carregado quase sempre reflete conflito íntimo, problema e amargura...

Quem trava contato com a lição de vida da Boa-nova já não tem por que ser infeliz.

Sabendo que a vida física é transitória, converte as dores de hoje em esperanças de amanhã e exulta de sã alegria.

A alegria, porém, não deve ser confundida com a balbúrdia, a gargalhada nem o vozerio.

Ela se exterioriza na correta satisfação dos deveres cumpridos, na tranquilidade diante dos aparentes infortúnios, na confiança irrestrita no Bem, na harmonia íntima e no otimismo sem exagero diante das coisas.

Alegria é vitória sobre o receio e triunfo sobre as paixões.

Quem está informado da verdade sabe; quem sabe, rejubila-se.

❖

Faze da tua vida um exemplo de alegria para os outros.

Esparze o teu júbilo com os que choram, e contamina de alegria os que perderam as motivações para lutar, perseverando no dever, demonstrando-lhes que a noite é véspera do amanhecer, quanto a sombra é somente a ação da luz ausente.

Desperta no teu irmão interesse pela vida e estimula-o a fruir a justa alegria de viver.

A tristeza não projeta luz no caminho em trevas.

O pessimismo mais dificulta a solução dos problemas.

A melancolia tisna a clara visão da realidade.

Contempla a Natureza e alegra-te ante a exuberância da vida, em cor, som e beleza.

❖

Se acolheres a alegria na alma, haverá sol no teu labor.

Em qualquer circunstância, alegra-te.

Oferenda

E mesmo que te advenha a desencarnação, anunciada através da enfermidade, alegra-te, porque ela será o veículo da tua plena e total libertação para o ingresso no Reino da alegria perfeita.

7
Interferência espiritual

Que os Espíritos interferem na vida dos homens, não há dúvida. Afinal, os Espíritos são as almas dos homens que viveram na Terra, com as suas paixões perniciosas ou com as suas aspirações elevadas.

Que a vida responde conforme a qualidade da sementeira de cada um, não se pode negar.

Cada *semente* repete a *espécie*, sempre e indefinidamente.

Que o homem atual é o somatório dos seus atos procedentes das reencarnações passadas, não há por que contestá-lo.

Qualquer edificação resulta da reunião das peças que são aplicadas na sua execução.

Que as situações, pessoas e realidades que a criatura defronta são decorrências dos investimentos morais e espirituais utilizados, ninguém deve desconhecer.

Toda ação produz uma reação semelhante.

Que o futuro está sendo construído enquanto o ser age no presente, não se refuta.

Qualquer movimento gera uma correspondente onda que se espraia ao infinito.

❖

O homem não é o autor da própria vida, todavia é o responsável por ela.

O que se pensa vai plasmado no mundo mental, a fim de condensar-se na esfera física.

Onde e como aspira à vida, esta mais cedo ou mais tarde se expressa.

❖

Foge às situações perturbadoras e fixa-te aos propósitos dignificantes e assim fruirás paz.

Elabora uma programação altruística e cumpre-a, em cujo mister encontrarás alegria.

Firma propósitos de renovação moral para superar imperfeições e limites, engajando-te no labor do otimismo, que te enriquecerá de saúde íntima.

Conforme teus pensamentos – as aspirações –, tuas tarefas – as ações habituais –, sintonizarás com os Espíritos que, doentios, perturbadores e egoístas ou sadios, instrutores e nobres, interferirão em tua vida, fazendo-te escravo ou facultando-te aprendizagem em campo de educação superior.

O que hoje produzas ressumará depois, implantado que se encontra nos tecidos sutis das tuas realidades espirituais.

Atua bem, sempre ligado ao amor, e o amor te responderá com eficiência, mediante a interferência dos mentores da Vida mais-alta, na programática da tua existência.

8
Conduta ante inimigos

Punge-te a alma quando enfrentas os que se tornaram teus inimigos por motivos que ignoras.

Não poucas vezes sentes a sua presença, mesmo que longe fisicamente, pela rede de informações infelizes quão inverídicas que tecem a teu respeito, onde nunca hás estado.

Fiscalizam-te com impiedade e criticam-te com azedume, pondo o sal da malícia nos teus comentários, nas tuas atitudes, nas lições que veiculas.

Sempre veem a face negativa, que trabalhas por corrigir, e os teus melhores sentimentos são tidos por debilidade de caráter, torcendo a colocação edificante dos teus esforços.

Certamente não os magoaste nesta atualidade, nem mesmo chegaste a privar do círculo fechado da amizade de alguns deles.

Antipatizam-te e comprazem-se em antagonizar-te.

Corroem-se de ciúme ou de inveja e arrojam o ácido da aflição que não conseguem dissimular sobre o teu nome, num processo inconsciente de transferência.

Alguns, quiçá, procedam do teu passado espiritual, contra quem contraíste débito. Outros são companheiros equivocados que derrapam em obsessões sutis e foram acionados contra ti por adversários desencarnados, que se opõem à tua faina, vitimando-os, sem que se deem conta.

❖

Desde que os não feriste, não te preocupes com eles.
Não intentes convencê-los dos valores que te negam.
Recusam-se a ver-te corretamente.
Não reajas, a fim de não os vitalizar na trama escura em que se encontram, nem mantenhas maior preocupação com eles.

Na Terra, ninguém avança sem o desafio dos obstáculos, das provocações, dos inimigos.
O de que te acusam, neles falta.
O que arremetem contra ti, neles repleta.
Se alguém te traz a informação malsã veiculada por eles, desvia o assunto, faze abordagem das excelências do bem e do amor.

Destrinças as teias da intriga com que te pretendem envolver, utilizando as mãos da caridade para com eles.
O amor se exterioriza como magnetismo positivo de pessoa a pessoa, contagiando os que nele se envolvem com os recursos do otimismo.

Se não podes compreender fraternalmente os que te não estimam, também estás na iminência de graves perigos emocionais.

Nem sequer, mentalmente, excogites encontrar as razões das inimizades que te excruciam.
Pensa bem de todos, embora motivos aparentes te induzam a reflexionar de forma diversa.
A tua é a tarefa da luz contra a treva, do amor contra o ódio.

Fizeram-se teus inimigos, mas não te transformes em inimigo de ninguém.

❖

Nem Jesus jornadeou entre nós sem inimigos impenitentes.

O mal tentou envolvê-lO, e Ele é o bem; as sombras procuraram dominá-lO, não obstante, Ele é a luz; a mentira seguiu-Lhe os passos, todavia, Ele é a verdade; o ódio voltou-se contra Ele, apesar disso, Ele é o amor...

Confia e refugia-te n'Ele, seguindo rigorosamente a trilha da mensagem que te fascina e não receies os maus, seus males, as tricas e intrigas que, se souberes superar, dar-te-ão maior razão de júbilo espiritual hoje mesmo e mais tarde em definitivo.

9
Graça e reencarnação

Toda vez em que se aborda o tema da reencarnação, os mais ferrenhos estudiosos dos Evangelhos, que se detêm na forma da Mensagem antes que no seu conteúdo, opõem à necessidade do nascer de novo na carne, a que se referiu Jesus, a concessão da "graça", como mecanismo de salvação, em decorrência da Divina Misericórdia do Pai.

A salvação pela graça, sem dúvida, constitui uma dádiva arbitrária, que viola as Leis do Equilíbrio Universal, a uns beneficiando, em detrimento de outros, em flagrante injustiça por parte do Soberano Criador.

Igualmente, o conceito apresentado, em referência ao "sangue de Cristo" salvando as criaturas, deve ser entendido como a lição preciosa que o Mestre nos deu, demonstrando que, mesmo Ele, sendo puro, não se furtou ao holocausto da própria vida, num extremo ato de amor, a fim de que nos não evadamos à doação plena e total, quando chegado o momento do sacrifício pessoal.

❖

Ensejar-se a um endividado revel a oportunidade de resgatar os débitos constitui-lhe uma graça.

Conceder-se ao trânsfuga do dever o ensejo de reabilitação torna-se para ele uma graça imerecida.

Facultar-se ao enfermo recursos de renovação e saúde é-lhe uma graça auspiciosa.

Proporcionar-se ao delinquente o afastamento da sociedade, a reeducação e o retorno à comunidade torna-se-lhe uma graça bendita.

Agraciar-se, porém, o agressor, esquecendo-lhe a vítima, é um ato de injustiça.

Liberar-se o algoz sem facultar o mesmo a quem lhe padeceu a perversidade faz-se uma forma de estimular o crime.

O amor e a justiça cooperam em favor da reabilitação do devedor, que libera a consciência da engrenagem do erro, encontrando a felicidade anelada.

O amor verdadeiro não beneficia uns olvidando outros.

"Nenhuma das ovelhas que o Pai me confiou se perderá" – disse Jesus. Isto equivale a afirmar que todos se salvarão mediante as conquistas realizadas durante as sucessivas existências.

❖

A reencarnação é a graça que o Pai concede aos que se comprazem no erro e na delinquência, a fim de desfrutarem a salvação, essa conquista que nos cumpre lograr a esforço próprio e com sacrifício pessoal.

A Vida é única, no seu processo de crescimento e perfeição, em que o berço e o túmulo representam portas de entrada e de saída para cada existência física.

A carne nasce, morre e renasce inúmeras vezes, inclusive numa mesma existência corporal, mas a Vida não cessa nunca.

Utiliza-te, portanto, da concessão feliz dos renascimentos físicos, a fim de cresceres em direção ao bem e à liberdade que o Mestre te acena, enquanto te aguarda, reabilitando-te dos erros cometidos, evitando incidir em outros e edificando-te no bem para o bem de todos.

10
Sono e vida

O conceito moderno a respeito da *Vida depois da vida* encontra, na comunicabilidade dos Espíritos, a sua mais evidente fundamentação.

Sem o retorno dos chamados *mortos* à vida, mediante o intercâmbio com os que ainda se encontram no corpo, a documentação pelos fatos deixa de existir, transformando a realidade imortalista em questão apenas pertencente à fé.

Mesmo neste caso, a revelação bíblica é toda produzida por seres já não aprisionados no corpo físico, que vêm do Mundo espiritual para manter contato com os homens, convidando-os a uma existência correta, de modo a serem felizes quando ultrapassem as fronteiras da morte.

Não há silêncio, nem repouso, nem sono eterno além da sepultura.

Anjos, arcanjos, querubins dialogaram com profetas, videntes, pítons e pitonisas em largos e avançados processos mediúnicos.

Espíritos impuros, possessivos e atormentadores inquietaram pessoas e as obsidiaram sem termo, através de dolorosas injunções facultadas pela mediunidade.

Antepassados ilustres retornaram, após a morte, aos sensitivos israelitas, admoestando os contemporâneos e auxiliando-os na conduta própria como na do povo eleito.

Samuel volveu a dialogar, com franqueza, com Saul, utilizando-se das faculdades psíquicas da pitonisa de Endor.

Não poucas vezes, Jesus conversou com os Espíritos infelizes, que subjugavam as criaturas desditosas, libertando uns e outros e encaminhando-os à felicidade.

Na transfiguração do Tabor, o Mestre teve diante de si Elias e Moisés, que eram desencarnados e voltavam com as características que lhes foram peculiares quando na Terra.

O Velho como o Novo Testamento são verdadeiros documentários das comunicações espirituais entre vivos e mortos.

O próprio Jesus, depois da sepultura, voltou ao convívio dos amigos e testemunhou a sobrevivência da vida de forma inconfundível, demonstrando que o *sono*, que advém após a morte das criaturas, refere-se ao estado de perturbação, breve ou longo, resultante dos valores espirituais de cada um, após o qual se desperta para a Vida, feito o balanço-julgamento da consciência em relação aos atos praticados na Terra.

Há Vida espiritual depois da morte física.

Vive de tal forma que logo possas despertar para as verdades eternas que defrontarás, constituindo-te o Céu de bênçãos ou o Inferno de tormentas, a que ninguém se furtará.

11

Momentos de aflição e prova

Momentos de aflição e prova surgem pelo caminho, inesperados, concitando à disciplina espiritual indispensável ao processo evolutivo do ser.

Águas serenas que são açoitadas por fortes vendavais; paisagens tranquilas que se modificam ao império de tempestades violentas; climas de paz que se convertem em campos de lutas rudes; viagem segura que se torna perigosa; objetivos próximos de conquistados que se perdem de repente; saúde que cede à enfermidade; amigos dedicados que vão adiante; adversários vigorosos que surgem ameaçadores; problemas econômicos que aparecem constringentes, tantos são os motivos de aflição e prova que ninguém avança, na Terra, sem os experimentar.

Enquanto domiciliado no corpo, Espírito algum se encontra em segurança, vitorioso, isento de experiências difíceis, de possíveis insucessos.

Os momentos de prova e aflição constituem recurso de aferição dos valores morais de cada um, mediante os quais o homem deve adquirir mais valiosas expressões iluminativas como suportes para futuros investimentos evolutivos.

Por isso, todos somos atingidos por tais métodos de purificação.

❖

Vigia-te, no momento de aflição e prova, a fim de que não compliques, por precipitação, o teu estado íntimo.

Suporta o vendaval do testemunho com serenidade; recebe a adaga da acusação indébita com humildade; aceita o ácido da reprimenda injusta com nobreza; medita diante do sofrimento com elevação de sentimentos.

Todos os momentos difíceis cedem lugar a outros: os de paz e compreensão.

Não te desalentes, exatamente quando deves fortalecer-te para a luta.

São nos instantes difíceis que as resistências morais devem estar temperadas, suportando as constrições que ameaçam derruir as fortalezas íntimas.

Quando estiveres a ponto de desfalecer, procura refúgio na oração.

Orando, renovar-se-ão tuas paisagens mentais e morais, elevando-te o ânimo e reconfortando-te espiritualmente.

❖

Jesus, que não tinha qualquer dívida a resgatar e que é o Sublime Construtor da Terra, enquanto conosco, não esteve isento dos momentos de aflição, demonstrando, amoroso, como vencê-los todos e, ao mesmo tempo, ensinando a técnica de como retirar, do aparente mal, as proveitosas lições da felicidade.

Considera-Lhe os testemunhos e, em qualquer momento em que sejas defrontado pela aflição ou prova, enfrenta a circunstância e extrai, do amor, a parte melhor da tua tarefa de santificação.

12

Médiuns e investigadores

Transformam-se em consumidores da mediunidade, convertendo-a em objeto.

Pretendem manejar os Espíritos ao próprio talante.

Requerem atendimento a necessidades de vária procedência, normalmente de secundária importância, a que dão valor primordial.

Esperam revelações bombásticas em torno do próprio passado, sem excogitarem da situação e possibilidades que desfrutam no presente.

Comprazem-se em profetismo irrelevante, mesmo que se não cumpram tais arremedos precognitivos.

Aspiram por soluções fáceis para as embaraçosas situações que geram, por insensatez ou descaso, para com os deveres mais altos.

Desejam assessoria e acompanhamento espiritual constituídos por Entidades veneráveis, embora o comportamento pessoal deixe muito a desejar.

Carregam problemas que não querem resolver, mas requerem que sejam equacionados pelos mentores, a pequeno esforço pessoal.

Anelam por dispor de médiuns infalíveis para as frivolidades e coisas falíveis.

Precipitadamente combatem a face religiosa do Espiritismo, afirmando-se *cientistas* e amantes da feição cultural, experimental da Doutrina Espírita.

Felizmente não constituem a generalidade dos que investigam, nobre e conscientemente, a mediunidade.

❖

Não os censuramos por tal comportamento.

Cada Espírito é livre em si mesmo, no pensar como no agir.

A maturidade ou infância espiritual de cada homem responde pelas suas preferências, sendo lícito o comportamento que melhor condiz com a sua situação evolutiva.

Estão, porém, confundidos, no que tange à interpretação dos fins da mediunidade, quanto dos objetivos do Espiritismo.

A feição moral da mensagem espírita ressalta da própria informação mediúnica, dando ênfase aos valores éticos conforme as diretrizes evangélicas, que não devem ser relegados a plano secundário.

Demonstrada a imortalidade da alma, é natural considerar-se o seu estado moral, sua situação evolutiva, como se sente – se feliz ou desventurada –, do que decorre todo um processo filosófico de comportamento existencial, em que a própria vida se estrutura.

Injustificável ignorar-se os efeitos das atitudes, quando em contato mediúnico com os Espíritos.

São ditosos ou infelizes em decorrência da vida que se permitiram.

A morte não os modificou.

Um pouco de reflexão convida a quem com eles dialoga a resultados de profundidade, retirando proveito e linhas de ação para si mesmos.

❖

Resguarda tuas faculdades mediúnicas das investidas insensatas.

Impõe-te a coerência haurida na Doutrina, não te submetendo a essas estranhas investigações, que disfarçam mesquinhez e desconsideração pela imortalidade.

Reserva as tuas forças psíquicas para o superior trabalho do bem, com vistas ao progresso espiritual do próximo, teu irmão.

São insaciáveis, esses companheiros, e estão em toda parte, ora se dizendo cépticos, noutros momentos afirmando-se interessados.

A morte os surpreenderá, quando menos esperem, e terão ensejo de constatar, por experiência pessoal, o que agora não querem considerar.

...E retornando à Terra, pela bênção da reencarnação, certamente virão com faculdades mediúnicas, talvez atormentados, refazendo o caminho e crescendo em experiência, qual ocorre contigo, no rumo do equilíbrio e da paz.

13
Cultivo do bem

Seleciona os temas do teu cotidiano para as cogitações de cada hora.
À semelhança de uma corrente elétrica que deve ser periodicamente interrompida, não te deixes fixar nas ideias deprimentes que rondam as tuas telas mentais.

Há mensagens de variada gama que te alcançam, quanto incontáveis outras que emites em todas as direções.

Aplica o seletor do bom senso, de modo a registrar, apenas, as que edificam, e emitir, somente, as que enobrecem.

Toda imagem perniciosa que de ti recebe a contribuição mental transforma-se em fulcro de desequilíbrio, próximo ou remoto.

Desvia a atenção das impressões destruidoras, enriquecendo as paisagens mentais com otimismo, a fim de haurires saúde e valor.

❖

Aqui, é uma calúnia que te alcança.
Adiante, é uma agressão inesperada que te atinge.
Hoje, é um amigo que te abandona.
Amanhã, é um familiar que te acusa.

Num momento, é a deserção de um afeto; noutro, é a chegada da tentação.

Agora, é o cansaço inspirando-te ao desânimo; depois, é a ansiedade exigindo-te desespero.

A leviandade de alguns amigos traz-te a maledicência, envolvendo outros, que estão ausentes.

A insensatez de alguns companheiros faz-se voz de acusação em teus ouvidos, e a imaturidade de outros procura perturbar-te os planos de educação pessoal e o teu trabalho de crescimento interior.

❖

Desenovela-te das artimanhas da afeição que não deves sofrer.

Retira as tomadas da corrente do mal e eleva o pensamento às Esferas superiores.

Mentaliza o tema edificante, pensa e reflexiona em torno das ideias enobrecedoras.

Não dês guarida a assunto depreciativo.

Vives hoje para a exaltação da vida, agora e mais tarde.

❖

Jesus, acoimado pela perturbação de uns e pela loucura de outros, agredido pela invigilância dos frívolos e perseguido pela astúcia dos que disputavam o império da ilusão, jamais se deteve nas insinuações e ciladas que Lhe eram propostas.

Enfrentou cada situação com espírito nobre e seguiu adiante, vitalizando a esperança e fomentando o bem para a felicidade geral.

14

Indiferentes

A indiferença, em qualquer situação em que se expresse, é morte da ação que induz a criatura ao progresso. O indiferente padece de um estado mórbido, que domina a pouco e pouco, ameaçando-lhe o equilíbrio, anulando as motivações que o capacitam para a luta.

Seja como for que se apresente, a indiferença denota ausência de vida, de ideal vitalizador.

Quem sofre de tal contingência, deambula em estado de transe, sem estímulos para liberar-se.

❖

Guardadas as proporções, o aguerrido adversário de uma causa ou pessoa é alguém que crê nos móveis da sua definição.

Comporta-se de tal forma porque se apoia em valores que lhe parecem legítimos, e muda de atuação quando, necessariamente esclarecido, se convence do erro em que campeia.

A pessoa indiferente, no entanto, não ouve nem quer ver, de alguma forma acomodando-se à situação mental e física em que mergulha.

Os que assim procedem estão enfermos da alma.

Anelaram por metas que não alcançaram; confiaram em excesso e sentiram-se defraudados; aguardavam da vida mais do que lograram; autovalorizaram-se em demasia e não aceitam o conceito em que são tidos.

Procuram refugiar-se na indiferença, antes de tentar mais uma vez, mesmo que do esforço resulte o despertamento para uma nova escala de valores humanos, em que voltarão a participar dos ideais que enobrecem e dignificam a vida.

❖

Os indiferentes são arredios.

Porque perderam a fé, negam-se a confiar em alguém.

Assumem atitudes cínicas como mecanismos de defesa.

Fazem-se irônicos.

Com a vaidade pessoal ferida por motivações a que atribuíam desmedida significação, são insensíveis aos apelos do sentimento, que anestesiam, e da razão, que repelem.

Procuram realização pessoal através de conquistas a que dão excessivo conteúdo, transferindo-se das frustrações de que se sentem objeto.

❖

No campo das atividades espirituais, nestes dias, os encontrarás, em número surpreendente.

Não reagem favorável ou negativamente.

Estão em outra dimensão de interesse.

Não são neutros, sequer.

Negam-se, a si mesmos, a oportunidade de renovação.

Não te aflijas pela atitude deles.

Reencontrarão, mais tarde, o caminho correto que deverão percorrer.

Oferenda

A dor generosa ajudá-los-á no programa da redenção.

Também, em razão deles, não deixes de produzir com afinco e entusiasmo, no teu campo de ação, quando os defrontares.

Não foram apenas os que odiavam e temiam a Soberana força do Amor de Jesus que O levaram à morte, e sim os indiferentes: um sumo sacerdote negligente dos seus deveres, que O conhecia; um outro que preferia ignorá-lO, resolvendo por silenciar-Lhe a voz, e um governante frio, que lavou as mãos ante o Seu destino... Todavia, apesar deles, o Senhor escreveu, através do sacrifício pessoal, na História da Humanidade, a página mais comovedora e estoica de todos os tempos, que até hoje atrai mentes e corações para a Sua Doutrina, mesmo havendo, ainda, muitos indiferentes que se recusam a recebê-lO e respeitá-lO.

15

Enfermos da alma

Suas opiniões primam pela contundência.

Dizem-se sinceros, expondo o que pensam, conforme pensam, com violência.

Creem-se possuidores do conhecimento integral.

Combatem os demais com acrimônia.

Desejam reformar o mundo, embora tenham dificuldade em melhorar-se.

Primam pelas colocações pessoais, não facultando que outros disponham do mesmo direito.

Aceitos, fazem-se gentis.

Não admitidos, tornam-se agressivos, ferrenhos adversários.

Defendem a liberdade do comportamento franco. Em relação, porém, ao que eles gostam de expor, não de ouvir.

Evitam examinar o que não estão de acordo, porque receiam o contágio da realidade, que lhes contraria os *pontos de vista*.

Anatematizam com facilidade, mesmo quando não conhecem, satisfatoriamente, o com que discordam.

Extrovertidos ou silenciosos, não abdicam dos seus conceitos, mesmo que a evidência seja diversa.

Extenuam os que lhes padecem a algaravia com o excesso de argumentação. Palavras vigorosas e conteúdo frágil.

Tornam-se extremistas e pressupõem que o Sol apenas brilha para eles.

Estão enfermos da alma, esses irmãos impetuosos.

Ignoram que mesmo a verdade deve ser lecionada com equilíbrio.

Atitude excessiva em qualquer cometimento expressa desajuste.

A gema preciosa arrojada com cólera fere, provocando reação compatível de ira em quem lhe sofre o golpe.

Afirmam não necessitar de ajuda, porque são carentes dela.

Recusam-se a humildade por preferirem o autodeslumbramento em que se alucinam.

❖

Respeita-os sem os temer.

Sê leal para contigo mesmo e gentil para com eles.

Apesar de os deveres considerar, expressa a sã Doutrina, no entanto não os valorizando o quanto se atribuem.

Dá testemunho do Cristo em tuas palavras e obras, quando e onde estejas, sem te impressionares com o verbalismo fluente e vazio de que se fazem portadores.

As cigarras cantam e nada realizam, enquanto zumbem as abelhas e produzem em abundância, tornando-se úteis e necessárias à vida.

Desobriga-te dos teus compromissos de esclarecer consciências e confortar corações sem alarde, porém, sem timidez.

Quando se faz o que se pode, sempre se faz o melhor e o máximo.

Assim agindo, estarás, sem dar-te conta, ajudando os irmãos enfermos da alma, que encontrarão em teu verbo e ação a psicoterapia e o estímulo para lograrem a cura de que necessitam e não o percebem.

16

Rota a seguir

Confessas o aturdimento diante da multiplicidade de correntes de opinião religiosa, todas se disputando a posse da verdade.

Defrontas os compromissos a serem atendidos sem sopitares o desânimo, em face dos incessantes labores que surgem em complexidades desafiadoras.

Ouves pessoas bem informadas, defendendo princípios que te parecem legítimos, no entanto, porque são inúmeros aqueles que assim procedem, não sabes qual o rumo a seguir.

À frente, está a numerosa mole humana sobrecarregada de problemas, padecendo exulcerações que te confrangem, sem que saibas por onde começar a tarefa do auxílio.

Teses bem urdidas surgem a cada instante, e estudiosos das questões espirituais dificilmente concordam uns com os outros, acusam-se, nem sempre com a necessária elevação, e experimentas dúvidas desavoradoras.

Aqui e ali se acumulam problemas de urgência, requerendo solução, enquanto se discutem métodos sem quaisquer atitudes, a breve ou a largo prazo.

Não te aflijas ante a gleba a joeirar, nem te percas na demorada seleção das *sementes*, que devem ser utilizadas na renovação da paisagem humana que espera.

Os conceitos e opiniões que te confundem devem ser examinados pelo que produzem, primeiro, naqueles que os apresentam.

Sempre houve muitos teóricos eficientes, na Humanidade, e poucos homens de ação.

É da alma humana adaptar ao seu modo de ser o conteúdo de uma doutrina, antes que o adaptar-se a ela.

O personalismo sempre está a soldo da paixão dos indivíduos.

Por mais brilhante que seja o verbalismo em torno de uma usina elétrica, este não superará, em algumas circunstâncias, a chama de modesta vela acesa.

❖

Na dúvida, escolhe o caminho cujos resultados se façam em amor e misericórdia, caridade e perdão para com todos.

O mundo dispensa discutidores, e disputa trabalhadores.

Há, por enquanto, necessidade das muitas correntes de fé, de modo a ensejarem, à variada massa humana, informações compatíveis com os vários graus de desenvolvimento dos seus membros.

Importante em cada uma, senão em todas elas, é o Espírito do Cristo impersonificado, agindo em prol de melhores dias, de mais felicidade para todos.

Adentra o pensamento no conteúdo da lição sobre o amor e ama, sem reservas nem constrangimento, sem maior preocupação com os líderes e as suas opiniões, entregando-te a Jesus, o Líder que até hoje não se equivocou.

❖

Certamente, diante da dor, quando te candidates a ajudar, ninguém te perguntará em que ou como crês, mas terá interesse em saber o que trazes, em nome da tua fé, para doar.

...E, em qualquer conflito de decisão religiosa, elege o bem de todos, e ele te apontará a rota a seguir.

17
A TUA PARTE

Há quem diga que a Terra é um *vale de lágrimas*, numa atitude pessimista e recriminatória contra o planeta que nos serve de colo materno, auxiliando-nos no processo evolutivo.

Algumas pessoas informam que detestam a vida terrestre, somente enxergando, no mundo, aflição e dor, numa constante de ignóbeis tormentos.

Outras insistem que a existência física não passa de um purgatório infeliz, onde a lágrima e a sombra se unem, compondo uma singular *patética* de desespero sem fim.

Os que têm, porém, conceitos de tal natureza encontram-se com uma visão deficiente da realidade.

A Terra é o que dela temos feito, aguardando nosso contributo, a fim de ascender na escala dos mundos.

Escola de almas, é o educandário eficiente, no qual adquirimos sabedoria e experiência viva.

Hospital abençoado, enseja a recuperação da saúde do corpo e do espírito, mediante a terapia do amor e da beneficência.

Lar formoso, recebe os trânsfugas e auxilia-os na fixação dos valores transcendentes indispensáveis à felicidade real.

❖

Anota, no teu canhenho de compromissos habituais, o encontro com a dor do próximo, como exercício para a avaliação do sofrimento purificador.

Visita hospitais, de modo a confraternizar com os enfermos, que necessitam de uma palavra gentil, que lhes diminua a aflição, promovendo-os, na soledade em que se encontram.

Realiza uma excursão a um presídio, objetivando levar estímulo aos que ali estão, após o delito em que tombaram.

Experimenta conhecer a necessidade, num bairro pobre, conduzindo amizade e pão a alguém desfalecente nas garras da miséria.

❖

Intenta doar um pouco do que te sobra.

Não incumbas a outrem fazê-lo por ti.

Propõe-te a realizá-lo e verás o quanto de bem te ensejará o tentame.

É muito melhor e mais ditoso dar do que receber.

Assim procedendo, modificarás a situação dos menos felizes, alterando a face sociomoral da Terra.

❖

Facilmente se podem identificar problemas e desaires, diagnosticar males e misérias.

Importante, todavia, será sanar a face prejudicial das coisas, facultando o aparecimento dos valores positivos que se encontram em toda criatura como em todo lugar, embora ocultos.

O homem é divino investimento do Pai Criador com todas as potencialidades em gérmen.

Auxiliá-lo a desabrochar esses tesouros latentes é o objetivo da reencarnação.

Torna a Terra, pelo seu contributo de amor, o pórtico do Reino de venturas, que logo mais se estabelecerá, não aderindo aos conceitos perniciosos e pessimistas em que muitos se estribam para negar-se operosidade e ação beneficente.

Ergue o caído, ajuda o aturdido, socorre o aflito, doa-te à vida e a vida te responderá em dádivas de esperança e progresso superior.

Esta será a tua parte na Obra do Pai.

18
Nunca a sós

Não te creias em abandono, por mais rude te pareça a solidão e por mais doridas as provas que hoje te dilaceram...

Ninguém que expunja em regime de esquecimento.

Na tua soledade, onde as noites te parecem mais cruas e as provações mais exigentes, alguém participa da tua angústia acompanhando as penas que te convidam a reflexões profundas e diferentes.

Gostarias de privar, novamente, das primaveras abençoadas e ridentes em que os júbilos se te agasalhassem no coração, falando-te de sorrisos e de novas ilusões, já que supões encontrar nas quimeras o presente ditoso da vida.

Acompanhas com a alma em mágoa o sorriso que transita pelos lábios do mundo e sentes no imo o travo de inquietude e desesperação.

Desejarias, como eles, volver ao tumulto das horas vazias...

Percebes que te falam de alegrias que já não podes fruir.

Tens a impressão de que a liberdade que experimentam constitui o verdadeiro licor da vida.

No entanto, para, medita, modifica o conceito.
Eles não são ditosos quanto gostariam.
Na Terra todos nos encontramos em regime de recuperação, em ministério reeducativo.
Nosso planeta não é, por enquanto, o decantado Éden, tampouco o refúgio exclusivo da amargura.
Dor é prova.
Sofrimento é desafio.
Solidão é bênção.
Os que ora se encontram com aparência de felicidade volverão...
Os que transitam em dor se recuperam e retornarão...
Todos marchamos para a liberdade.
Não te detenhas na lamentação.
Não os invejes, a esses equivocados sorridentes, àqueles ansiosos que ignoram o amor em profundidade ou aos que vagueiam na busca do nada.
São crianças espirituais.
Ama, confia desde hoje e espera mais.

❖

Quem O visse em extremo abandono, dilacerado, esquecido, os braços rasgados em duas traves toscas, o coração lancetado, o olhar baço pelas lágrimas de sangue e a coroa de espinhos infectos na cabeça sublime, não diria que Ele era o Governador da Terra e que, por amor, trocara as estrelas rutilantes pelas sombras do mundo, a fim de tornar-se para os tristes e confiantes, os sofridos e amantes uma Via Láctea de redenção, pelos rumos do Infinito.
Confia n'Ele, alma sofrida, e não sofras mais, não te desesperes, nem te creias a sós.

19

Cooperador de Deus

Preocupas-te com o atual estado da criatura humana, na Terra. A alta incidência da criminalidade; a crescente onda de violência; as deprimentes expressões da sexualidade atribulada; os movimentos de apoio à rebeldia e à insensatez; as crises morais e sociais avassalantes; o abuso das drogas alucinógenas anunciando calamidades de variado porte, que atemorizam, conspirando contra a paz.

Fazendo uma análise da situação atordoante, deténs-te receoso, inquieto, sem saber como proceder.

Examina, porém, o Evangelho e ausculta os próprios sentimentos.

Eles te nortearão a conduta, conclamando-te a não fazer ao próximo o que não gostarias que o próximo te fizesse.

Desse modo, torna-te o mensageiro da paz e do otimismo em todo lugar, a qualquer instante, com toda pessoa.

❖

O mercado da maledicência exibe as imperfeições dos homens, retalhando as feridas dos ausentes com maquinações hediondas.

Ante o vozerio dos dilapidadores da honra alheia, faze-te a estação terminal onde morra a acusação infeliz.

❖

A propaganda exaltada dos crimes contra a pessoa humana expõe os detalhes crus dos deslizes e das loucuras que destroçam a vida.

Diante de tais exibições, que aturdem e apavoram, exalta os lídimos trabalhadores do bem, veiculando as notícias edificantes das suas vidas e obras.

❖

As arremetidas contra a paz geral e individual do homem, em confuso caleidoscópio de ações carregadas de preságios assustadores, espalham pessimismo e revolta contagiantes.

Diante de tal estado de coisas, infunde esperança, comentando os valores positivos da sociedade, os exemplos de homens e de mulheres abnegados que se dedicam ao amor de todas as criaturas.

❖

Tuas palavras conduzem emoções.

Como procedas, induzes outros a agirem da mesma forma.

Há crises de loucura que têm sua gênese nas conversações venenosas, e suicídios que tomam corpo em momentos de crises geradas pela leviandade de pessoas precipitadas.

Não ponhas, portanto, material combustível no incêndio dos desequilíbrios já existentes.

❖

Oferenda

O comércio do azedume, da queixa dissolvente, espalha miasmas que contaminam os imprevidentes.

Insiste na valorização da esperança, da irrestrita confiança em Deus.

O que ocorre, não sucede sem o Superior Controle da Divindade.

Tudo tem razão de ser, embora a ti escape.

Apesar disso, não te eximas de ajudar.

O Pai confia em ti, cabendo-te, por tua vez, confiar n'Ele, de modo a tornar-te trabalhador ativo na obra do bem, portanto cooperador de Deus.

20
Em face da morte

A mais pungente dor moral, pertinaz e profunda, é a que decorre da separação imposta pela morte física. Nada que se lhe equipare, considerando as injunções que impõe, de tal modo que dilacera os tecidos sutis da alma.

Mesmo quando aguardada ou almejada, constitui surpresa, graças ao convite vigoroso que faz em relação à única realidade de que ninguém se pode eximir: a imortalidade!

Sorrateira, arrebata os afetos e carrega os adversários, produzindo inusitada emoção que sempre aflige, particularmente quando se trata dos amores, aos quais se tem vinculado o coração.

Enigmática, transfere os seres de um para outro estágio de vida, mas não os aniquila.

Libertação para uns, ensejando felicidade e triunfo; após as caminhadas rudes, faz-se grilheta e cárcere para a consciência que se intoxicou pelos vapores da insensatez, ou que cultivou os cardos da criminalidade a que se submeteu em demorada constrição.

Concessão divina, é incompreendida por aqueles que amam a ilusão e se arrogam a fatuidade do poder terreno.

A ninguém poupa e a todos iguala, temporariamente, para selecioná-los logo depois, através dos títulos morais de que se fazem portadores.

❖

Não te rebeles ante as conjunturas da morte, que te separou, momentaneamente, do ser a quem amas.
Não será definitiva tal circunstância.
Tem paciência e espera, preparando-te para o reencontro que logo mais se dará.
Os teus afetos te aguardam, esperançosos. Não os decepciones com a revolta ou com o desespero injustificado.
Eles vivem como também viverás.
Anteciparam-te na viagem, mas não se apartaram, realmente, de ti.
Não os vês, mas estão ao teu lado...
Se os amas, estão contigo; se os detestas, vinculam-se a ti.
Não os fixes às memórias inditosas, aos impositivos da paixão, às condições da tua dor.
Luariza a saudade, mediante a certeza de reencontrá-los.
Assim, utiliza as tuas horas disponíveis para produzir no bem, pensando neles, orando por eles, convertendo moedas em pães, flores transitórias em reconforto para outros seres que padecem privações.
Se desejares fazer mais, coloca alguém arrancado dos braços da orfandade ou da miséria, da velhice ou da viuvez, no lugar deles, no lar, e ajuda por amor a eles.
Bendirão teu gesto e acercar-se-ão mais de ti, ajudando-te também.

❖

Oferenda

Essa dor angustiante e hebetadora diminui quando o amor se desdobra em direção do sofrimento humano, por afeição e gratidão dos que morreram, e vivem.

No Calvário, rompendo o silêncio dominador, à hora extrema, Jesus, antes da libertação total, fez-nos o precioso legado de entregar Sua mãe a João e este àquela, como a legislar que a mais alta expressão do amor é a doação da vida a outras vidas, por tributo de carinho à Sua vida.

Medita e enxuga o pranto da saudade, transformando-o em esperanças de felicidade porvindoura.

21
Querer

Necessário um exame cuidadoso em torno das aspirações que se acalenta.

Que se quer, para que e por que se deseja – são indagações que devem merecer destaque na pauta das ambições humanas.

Todos os homens sempre querem algo da vida. Raros, porém, dispõem-se a consegui-lo, atirando-se com decisão ao anseio que aspiram, investindo esforços e renúncias, a fim de lograr o êxito que pretendem colimar.

Todos asseveram que almejam felicidade. No entanto, o querer felicidade é um pálido aspirar sem as bases fortes do sacrifício em que apoiem o que pretendem. Confundem, também, felicidade com posse e gozo e se afadigam nas paixões em que sucumbem, naturalmente.

O ato de querer deve revestir-se de um forte interesse do Espírito, que selecionou o que lhe seja de melhor para sempre, e não, apenas, para a transitoriedade do corpo.

Saber querer resulta de uma ponderação amadurecida, após a seleção dos desejos imediatos que dizem respeito às ligeiras ambições.

Porfiar no querer, de modo a não desanimar ante as dificuldades ou os aparentes insucessos que fazem atrasar a chegada do que se quer, é o primeiro passo para uma aquisição real.

Querer com elevação e sem as feias marcas do egoísmo, facultando uma conquista útil a todos.

Querer o bem, a fim de repartir a alegria de viver, elevando-se, eis o fanal.

❖

Seja o teu querer mais do que um simples anelar.

Coloca a vontade ao lado do esforço e empreende a nobre tarefa de conseguir o que queiras de superior, em relação à vida.

Referta a alma com o querer libertar-se das paixões dissolventes e esvazia as mãos das posses tormentosas.

Submete-te à vontade do Senhor, propiciando-te a aprendizagem e a valorização do que queiras, porquanto, mesmo que sejam relevantes tuas ambições, quiçá o teu querer não mereça o aval da Divina Legislação, impelindo-te ao que deves receber, e não ao que queres lograr.

❖

Com Jesus aprendemos a fazer a vontade do Pai, e não a nossa, porquanto nem sempre o que queremos é, realmente, no momento, o que melhor nos serve, o mais útil, o imprescindível para a nossa evolução.

Querer sem exorbitar, a fim de submeter-se à Divina Diretriz, sem queixar-se.

22

EM VIGILÂNCIA

Ouves a triste balada do sofrimento respingando apelos. Em todas as vozes, uma só voz: fome de paz.

Este se equivocou; aquele se traiu; esse se emaranhou na própria leviandade; estoutro se perturbou na ilusão; aqueloutro, revoltado, investe contra si mesmo em desvario.

A colheita é intransferível. Cada um dispõe da liberdade para semear onde, quando e como melhor lhe aprouver.

Ninguém, porém, se eximirá a fazer a viagem de volta, recolhendo.

Responsáveis pelos próprios feitos, estes se fazem senhores austeros e graves, cobradores às vezes odientos e perversos, ou benfeitores amoráveis.

Por esta razão, a vida é oportunidade que se sucede, uma após outra, favorecendo reparação.

A cada instante podes modificar inteiramente o destino, graças à utilização boa ou má do ensejo que se te apresente em permanente convite.

Não descoroçoes, pois, em tua lida.

Assumiste um compromisso com Jesus.

Não te promete Ele a Terra nem o triunfo barato que transita enganoso.

Incita-te a uma grande violência: arrebentar as amarras das mentiras douradas, da ambição injustificável e da glória perturbadora.

Em contrapartida, propõe-te o triunfo perene sobre as paixões que tisnam a beleza lapidar dos sentimentos, que um dia Lhe deves oferecer, neles refletindo a Sua paz.

Nem receios, nem desconsiderações, nem o pavor que te pode induzir a uma sintonia negativa, nem a negligência que te conduza a atitude arbitrária.

As lições conduzem uma finalidade: aprendizagem. E aprendizagem é uma experiência que deves insculpir em teu mundo íntimo a soldo de sacrifícios para a redenção.

Policia-te. Não te permitas os sonhos utópicos ou os prazeres que te possam infelicitar no trâmite dos sorrisos iniciais para as tragédias culminativas.

O crime passional começa entre os júbilos dos galanteios descabidos.

O alcoolismo inveterado principia no aperitivo que, ao suceder-se, escraviza em inditosa embriaguez.

O vício, sob qualquer aspecto em que se apresente, pode ser comparado à fagulha inocente capaz de atear incêndios terríveis.

Sê jovial, não leviano.

Cultiva o amor, não a vulgaridade.

Faze-te afável, não perturbado pela emoção.

Guarda a previdência, não a mesquinhez.

Detém-te na vigilância, não na obstinação negativa.

Jesus é, para todos entre nós, o Exemplo. Na linha de comportamento, é o Mediador.

Equilíbrio seja o fiel das tuas aspirações.

23
Extremos de amor

Exaltando o berço de palha humilde, não esqueçamos a glória estelar da crucificação.

O Natal é uma perene promessa, mas a Glória é uma grave advertência.

Na manjedoura inicia-se o messianato sublime, mas no acume do *Morro da Caveira* desdobra-se a tragédia que Ele soube transformar em estrada venturosa para os que desejem segui-lO.

Na mansarda singela aparece aos homens; da cruz extenuante marcha para Deus.

A estrebaria é o nadir da humildade, e a cruz é o zênite do sacrifício. Transitando entre um e outro extremo de amor, toda uma via de abnegação.

Sua vida são os Seus feitos, Seu pensamento os Seus conceitos de luz.

Com um grão de mostarda, Ele compôs uma balada sobre a fé; com o feixe de varas, lecionou um tratado sobre a Filosofia, a força da solidariedade e da união; utilizando-se de redes, propôs um poema à abundância junto ao mar; com grãos de trigo e com ramos de joio, entreteceu uma coroa de sabedoria com que nos adverte sobre a perseverança e os cuidados em torno da gleba a joeirar.

Uma dracma perdida na Sua voz é uma canção de esperança, quando encontrada por quem a busca; com incisão conclama à decisão entre Deus e Mamom; na severidade contra a hipocrisia, modulou uma *patética* sobre os túmulos caiados por fora, guardando podridão na intimidade.

E soube ativar a vida através da rearticulação de membros hirtos, de ouvidos moucos, de olhos apagados, de língua sem movimentação, através de uma sonata por meio da qual a Sua palavra se transformava em vida ante os que jaziam na limitação e na dor.

Senhor dos Espíritos, jamais se utilizou da potência de que era investido para os azorragar. Entrementes, abriu-lhes a alma com misericórdia, encaminhando-os ao Pai em nome de quem falava na jornada messiânica da Terra.

Seus amigos eram discípulos dúbios uns, débeis outros, fiéis alguns. Todos, porém, fascinados pela Sua pujante presença, pela Sua transparente bondade.

Jesus é um poema da vida, uma canção de amor. É a maior história dentro da História da Humanidade, que a ultrapassa.

❖

Uma gruta e um céu descampado são os dois pontos culminantes de uma vida que não começou no berço nem se esvaiu numa cruz.

Por isso, diante d'Ele, todos nos sentimos fremir, tocados pela Sua magnânima presença que venceu os séculos de desolação, de dor, de crime, de hediondez, em que se tentou ocultá-lO entre mentiras, fantasias e corrupções.

Oferenda

Ressurgindo desses escombros morais, Ele sempre saiu ileso qual o sol, Sol Divino que é, clarificando cada madrugada, após a mentirosa vitória da noite em triunfo efêmero.

24
Esclarecer

Sem a pretensão jactanciosa de tudo saberes ou tudo explicares, possuis, no entanto, conhecimentos que hauriste na Doutrina Espírita, mediante os quais podes esclarecer:

Que Deus é justo, conforme constatas na superior Lei da Reencarnação, da qual infrator algum conseguirá eximir-se, exceto quando liberado pelos próprios feitos.

Que o triunfo da Imortalidade sobre a transitória putrescibilidade da vida física é indubitável, graças aos eloquentes testemunhos da vitória da vida sobre a morte, de que dão substanciais e incontroversas provas os Espíritos redivivos.

Que pululam os departamentos da "Casa do Pai", no Universo, de que a atual ciência astronômica já pressupõe a realidade, não obstante essas vidas escapem aos bitolados talões da humana conceituação.

Que só o Amor é eterno e real, desde que as expressões que dimanam do instinto revelam a primitividade da Vida espiritual do homem que, no entanto, a pouco e pouco ascende e, em se acrisolando no sofrimento, se depura e redime.

Que através da caridade o ser atinge a finalidade máxima para a qual se dirige, apesar do trânsito nas sendas ásperas do egoísmo em que, por enquanto, se estertora e luta.

Que o trabalho progressista auxilia a desgastar as arestas e manchas que afeiam o caráter do candidato terreno à Academia iluminativa.

Que a solidariedade emula o indivíduo a sair da estreita concha do imediatismo personalista.

Que a tolerância é sinal de fortaleza e engrandecimento moral, somente realizável pelos Espíritos fortes e imbatíveis.

Que o progresso é impositivo da evolução que, agora ou mais tarde, suplantará as vigentes demandas responsáveis pelo atraso moral do homem e da Terra.

Que a paz é a coroa do triunfo real que cada um consegue somente a pesado contributo da renúncia e sacrifício, com que, todavia, se enflora a alma, após vencidas e despedaçadas as algemas da belicosidade e da insatisfação ambiciosa.

Que a dor é a desprezada quão necessária terapêutica para a aquisição da felicidade...

❖

Esclarecido, o homem esforça-se para conquistar-se e consequentemente contribuir para a mudança da Terra de "mundo de provações" em escola de "regeneração", onde a aprendizagem superior se dará mediante processos de suavidade e harmonia, vestíbulo do "Reino de Deus" que será e de que já ouves os clarins anunciadores e vês as claridades surgentes, sem embargo o clamor do desespero

Oferenda

e a teimosa presença das sombras da guerra e das misérias que tentam manter o seu transitório domínio no mundo.

Desse modo, prossegue, esclarecido e esclarecendo, a serviço do bem, de cuja fonte provéns e para cujo seio avanças.

25

Autocomiseração

Inúmeros males que pesam na economia da saúde humana, produzindo enfermidades de variada etiologia, procedem da rebeldia do homem, ante as circunstâncias em que se encontra, ou porque arrosta limitações de tal ou qual natureza.

Grande número desses pacientes transita entre os estágios da revolta explosiva e da autopiedade entorpecente.

Expressões costumeiras, que espocam em incontáveis pessoas, traduzem o estado íntimo a que se arrojam e preferem permanecer. Tais são: "Não aguento mais!", "Meu fardo é mais pesado do que o dos demais...", "Desisto!", "Sou infeliz!", revelam a disposição preguiçosa da inteligência em manter a criatura em improcedente autocomiseração com que esconde a surda revolta contra as justas condições físicas, psíquicas, econômicas por entre as quais se movimenta.

A viciação da indolência, a predisposição para passar como fraco e enfermo criam disposições que terminam por responder a quem elabora tais construções íntimas com as ideias agasalhadas.

Hipocondria, neuroses várias, distonias emocionais, distúrbios gastrointestinais, disfunções cardiovasculares podem decorrer dos estados mórbidos do culto à autocomiseração em que se refugiam os indolentes, que se recusam a lutar.

Ninguém que se encontre na Terra pode apontar privilegiados ou requerer jornada de exceção.

O renascimento no corpo resulta de um programa traçado pelo Espírito em ajustamento aos impositivos da perfeição ao alcance de todos.

❖

Amputação de membros, deformidades, traumas físicos e psicológicos funcionam como terapêutica especial a que está submetido o defraudador das Divinas Leis, a fim de reabilitar-se através da contingência mediante a qual se comprometeu, inditosamente.

Talvez não seja possível amar a própria aparência com limites ou deformidades; aceitá-la, porém, é ato de submissão e humildade, reeducação e disciplina para a autoiluminação.

❖

Homens e mulheres limitados, paralisados, amputados hão dado, em todos os tempos, provas exuberantes do autodomínio e das lutas para sobreviverem às constrições nas quais reencarnaram.

Vítimas de desastres vários, imobilizadas, têm-se tornado úteis a si mesmas e à comunidade, a duras penas.

Enfermos de organismo dilacerado pela pólio e outros bacilos destruidores saíram da imobilidade para abençoados labores, graças a esforços hercúleos.

As clínicas de reabilitação para hemiplégicos, paraplégicos, aleijados vários demonstram o poder do Espírito sobre

Oferenda

o corpo, no alevantamento de criaturas resolutas, a fim de que prossigam ditosas no ministério da preciosa vida física.

Artistas sem braços, sem pernas, sem movimentos, que manejam pincéis, ora com os pés, ora com a boca, dependendo da distrofia ou ausência do órgão, elaborando belezas, desenham e pintam com rara perfeição, em inequívoco atestado de sacrifício, no esforço em que se empenham.

Steinmetz, o célebre inventor alemão-americano, esquecia-se da deformidade que o constrangia e o limitava, a fim de entregar-se, incansável, às pesquisas e à elaboração das "leis" que o imortalizaram, mediante um crédito de 200 patentes de geradores, motores etc...

Einstein era, a princípio, mau matemático, e não desfaleceu.

Indispensável movimentar forças, comandar a vontade, dirigindo-a para as aquisições superiores.

❖

Não te detenhas lamentando, seja qual for o motivo, os problemas que te cheguem.

Sai da faixa da autocomiseração e ascende na direção do Senhor, cultivando otimismo e armazenando as energias que produzem saúde, porquanto a dor não é criação divina, antes é elaboração da rebeldia do Espírito, a fim de penitenciar-se dos erros através dela e lapidar-se durante o trânsito para a perfeição.

26
Vigilância

Ninguém desconsidere o impositivo da vigilância nas tarefas de enobrecimento abraçado.

A vigilância funciona como atitude de respeito e de consideração ao empreendimento assumido.

Carro sem freio – desastre à vista.

A vigilância dirá das necessidades imperiosas do equilíbrio diante das circunstâncias e dos fatores animosos que impedem um processo natural de evolução.

❖

O egoísmo trabalha para o desespero.

A maledicência responde pelo tumulto.

A intriga promove inimizades desnecessárias.

O orgulho engendra tormentos íntimos.

A paz, todavia, decorre de uma consciência que se iliba na ação superior da vida.

❖

A sensualidade conclama às paixões morbíficas.

O ódio grita na direção da loucura.

A caridade asserena o Espírito.

A paciência confia e resolve dificuldades.

O amor é a vida mesma, que estua em nome da vigilância do Celeste Pai a benefício da criatura humana.

Ninguém descuide o seu programa de vigilância.

Vigilância ao pensar.

Vigilância no dizer.

Vigilância no agir.

Atuando de maneira enobrecida e vigiando as nascentes do coração, donde procedem as boas como as coisas más, o candidato à redenção espiritual atinge a cumeada da ascensão e se liberta, por fim, em plenitude da paz.

27

Permanecer com Jesus

Árduo e áspero o impositivo que diz respeito à perseverança no bem até o fim.

Os trêfegos e os irresponsáveis desertam e acusam-te. Esperavam granjear paz sem investimento do esforço, por contarem com o teu sacrifício. Não te deixes amargurar pelos petardos que te arrojam.

Os insensatos se voltarão contra as tuas disposições de serviço, verberando contra a tua dignidade mediante acusações indébitas. Não te facultes sintonizar com eles.

Os impiedosos, utilizando-se da ironia, enxovalhar-te-ão o nome e as disposições de enobrecimento, porque são incapazes de rentear contigo no sacrifício e, escusando-se esforço próprio, voltar-se-ão contra a tua dinâmica de ação superior. Não caias com eles.

Os desertores fugirão à responsabilidade do fracasso, argumentando que não encontraram exemplos nobres onde supunham estar. Eis por que debandam – exclamam – e, ao fazê-lo, envenenam a memória dos dias de primavera ao teu lado. Não te deixes sombrear pelo torpe inverno que os envolve...

❖

A Seara de Jesus continua grande, mas ainda são poucos os trabalhadores reais.

A multidão faminta de todos os tempos, as fácies amarguradas de todas as épocas e os olhares de angústia de todas as horas, refletindo as almas opressas, aguardam mãos, companhias, a fim de seguirem com ela.

São escassos hoje, como foram ontem, os ceifeiros do amor.

Os gozos, as facécias, os anestésicos da loucura os amarfanham, os iludem e os derrubam...

Perseverar no ideal do amor é demonstração de conquista espiritual.

Se ainda não lograste o tentame, insiste e porfia.

Nada te impeça a permanência no bem.

Mesmo que te seja necessário perder os atavios personalistas e enganosos, persevera com os sofredores, em nome de Jesus, mas não permaneças com os insensatos, perturbadores e fúteis, por mais os estimes e os desejes amparar.

O que não conseguires hoje, o tempo logrará mais tarde.

De forma alguma te deixes atingir pelas sórdidas urdiduras do mal deles.

Não te justifiques, não te defendas, nada respondas, quando agredido, acusado, abandonado.

Persevera até às últimas forças, a fim de que a desencarnação te alcance em paz de consciência e alegria de serviço permanente com Jesus.

28

ÁREA PERIGOSA

O problema do julgamento das aparências, das atitudes do próximo e da pessoa em si mesma é sempre um cometimento ingrato, para quem se coloca na condição de juiz.

Exceção feita aos nobres togados pelas leis de cada país, encarregados da delicada quão difícil tarefa de exercer a Justiça entre os homens, a fim de preservar a ordem, a moral e a dignidade humana, pois a ninguém mais compete a insensata posição de julgador.

As ocorrências observadas são sempre resultado de acontecimentos desconhecidos.

Julgar um sucesso, quando este eclode, tomando uma posição apriorística, não deixa de ser precipitação em área perigosa.

Quem julga, naturalmente se crê em condição de absolver, quanto de condenar.

Para tal cometimento, ser-lhe-iam necessárias estrutura moral e autoridade, decorrentes de uma vivência exemplar.

Os dados de que se dispõem nos julgamentos das atitudes alheias são sempre deficientes, e a alta carga emocional da simpatia ou da antipatia pessoal responde pela apreciação do que se examina com benignidade ou rudeza.

O erro é sempre desvio de rota.

Dependendo da pessoa que nele incide, há que se considerar fatores que escapam, de natureza sociopsicológica, econômica, moral, espiritual.

Quando explode uma situação ou alguém delínque, justo que se tenham em mente as raízes do problema que estruge, lamentável.

Atitude ideal será sempre a do amor.

❖

A mulher adúltera, apresentada a Jesus pelo farisaísmo hipócrita, antes que uma pecadora, era vítima em si mesma, que derrapara na insensatez por vários motivos que a infelicitavam...

A traição de Judas resultou de ser ele um Espírito débil e obsesso que, inobstante o carinho do Mestre, não conseguiu vencer a própria pusilanimidade.

A dúvida contumaz de Tomé decorria da fragilidade dos seus valores espirituais em torno da reflexão e da fé...

Não foram julgados pelo Senhor, antes amados e ajudados com carinho, a fim de que não voltassem a reincidir, sendo outras vezes infelizes-infelicitadores.

Os julgamentos sobre o comportamento do próximo, antes de pretenderem ajudar, degeneram na maledicência que pretendem denegrir.

Não há lugar para essa situação perniciosa no coração do discípulo do Cristo.

❖

O que vês suceder nem sempre é conforme se te ocorre.

Oferenda

Não precipites, portanto, apontamentos.

Melhor será que concedas um crédito de confiança e tenhas em bom conceito quem não os merece, pois que, se te defraudar, a si mesmo se engana, do que negando oportunidade e ajuda a quem te parece sem valor, no entanto, é credor de confiança e de respeito.

Quanto possas, evita que o julgamento dos pérfidos te apresente uma imagem negativa do teu irmão, desconhecido, armando-te contra ele.

Acautela-te daqueles cuja boca vã somente te envenena o coração e te perturba a mente, técnicos em acusações, pessimismos e acrimônias, muitas vezes disfarçados, habilmente sutis, mas, de qualquer forma, cruéis, perniciosos.

Não julgues e sê generoso com todos, embora a recíproca não te seja outorgada.

Área perigosa, a do julgamento.

Unge-te de amor pelos ingratos, os fracos, os caídos, os delinquentes, os desditosos, os perversos, nossos irmãos necessitados de fraternidade, pois que "com a medida com que os julgares, assim também serás julgado" e como os receberes, também Nosso Pai de misericórdia te receberá.

29

Caridade transferida

Ninguém objeta quanto à qualidade dos elevados propósitos.
Não se faz qualquer restrição à nobreza de tais sentimentos.
A caridade é sempre uma luz acesa vencendo trevas.
Por isso mesmo não é lícito eximir-se alguém de clarificar-se com a luminescência que dela emana.
Quem conduz uma luz, beneficia-se primeiro.

❖

Generaliza-se uma prática que, embora edificante, tem assumido um caráter passadista.
Pessoas generosas, que desejam auxiliar, sempre se eximem de fazê-lo, justificando-se falta de tempo, de saúde, poucas possibilidades econômicas... E encaminham os necessitados que lhes buscam o concurso a outras que lhes parecem bem aquinhoadas, valorosas, sem problemas... Mas que os têm, igualmente, só que se não queixam, fomentando o comércio do desânimo e da insensatez.

São criaturas bem-formadas, sem dúvida, as que assim procedem, no entanto, recusam-se a alegria de servir, a bênção de socorrer, a felicidade de amar.

Claro que ante a impossibilidade real de fazer-se o bem, a atitude de encaminhar o aflito a uma fonte abençoada é correta.

Não, porém, como um hábito constante, transferindo-se a caridade de domicílio e de mãos...

❖

Quando alguém te chegar em sofrimento, sempre poderás auxiliar, se o quiseres.

Não mensurando tempo nem examinando valores, deves repartir dádivas e repartir-te no ministério da caridade com Jesus.

Caridade transferida – socorro tardio.

❖

Conhecendo alguém que se afadiga no labor santificante da caridade, corre em seu auxílio, ao invés de o sobrecarregares com novas incumbências e maior soma de responsabilidades.

Detendo-te a meditar na Parábola do Bom Samaritano, compreenderás a necessidade de fazeres, tu mesmo, a caridade.

Não mandes outrem realizá-la em teu lugar.

Não postergues o teu momento de felicidade.

Jesus jamais se poupava, transferindo labores. Inclusive na cruz, quando solicitado pelo atormentado bandido, que Lhe rogava ajuda, distendeu-lhe a mão generosa da esperança, em nome da excelsa caridade de Nosso Pai.

30
Conflitos e aflições

Irrompem, alguns, suavemente, antes de se fixarem, outros violentos, procedentes todos dos refolhos da alma, passando a comandar o pensamento no rumo do desespero com que engendram temores cruéis.

Registados no Espírito, em decorrência das atitudes arbitrárias de indisciplina, no passado remoto ou próximo, merecem vigoroso programa de reajustamento que não pode ser postergado.

Atormentam e desequilibram, por anos a fio, com uma força de sedução ou com uma virulência que consegue contaminar quantos lhes padecem o cerco ou lhes experimentam a convivência.

Passam como traumas, convertem-se em neuroses, impõem-se como psicoses, esmagam e triunfam nas massas e nos indivíduos inermes, que se estremunham sob sua constrição.

Recalques que se desbordam, ambições que se arregimentam em desvario, possessões voluptuosas são expressões mórbidas da sua presença perniciosa.

Conveniente examinar as nascentes dos conflitos e aflições de qualquer natureza.

Sendo o Espírito o herdeiro dos seus atos, recomeça a experiência no ponto em que fracassou, a fim de gravar a aprendizagem indelevelmente.

Logo se manifestem, cabe aos pais e educadores carrearem a força devastadora de que se constituem, para a inversão da capacidade nos valores autênticos da vida.

Gerando-se um clima de otimismo mental e criando-se austeras linhas de comportamento, mudam-se as paisagens conflitantes da personalidade.

A realização de obras positivas constrói uma psicosfera salutar, que termina por modificar as disposições interiores, do que resulta a conquista do equilíbrio.

❖

Doentes, somos quase todos nós, em diversos graus de intensidade.

Gravames da alma, desajustes do sentimento, desequilíbrios da mente, desarranjos da emoção se encontram presentes em quase todas as criaturas, em forma de conflitos...

Sem embargo, utilizando-nos das nobres conquistas da razão, é inadiável o investimento do esforço moral para refrear as paixões e drenar os conflitos, readquirindo, a duras penas, embora, a paz que é a meta ideal que todos perseguimos.

❖

A pretexto de catarse liberativa, não te faculdes a agressividade, justificando-te os conflitos íntimos.

Não te recuses a oportunidade de lutar, sob a evasiva do limite de forças.

Escusar-se o labor da edificação pessoal é contribuir para o próprio deperecimento moral e espiritual.

Estás na Terra para reparação e crescimento.

Todas as oportunidades aflitivas constituam-te desafio, teste à avaliação de forças morais, que deves conquistar.

Se te sentires, porém, quase vencido, em tormentos crescentes, debruça-te à janela augusta do Evangelho de Jesus e segue a trilha do Seu pensamento estelar na escumilha sombria da tua alma, acendendo os *círios* do otimismo e da confiança integral no Senhor, com que te clarificarás por dentro e projetarás luz em derredor, conseguindo, por fim, a harmonia que te falta.

31
Dependências

Todos dependemos de fatores múltiplos, a fim de colimarmos as metas da vida. Uns, que defluem de estímulos superiores que erguem heróis e constroem homens modelos de equilíbrio e enobrecimento, que levantam a Humanidade acima das contingências irreleváveis de animalidade e agressão. Outros, viciosos, que fixam a personalidade à embriaguez dos sentidos, fazendo baixarem as expressões da emotividade em grosseiros choques e entrechoques de sensações com que anestesiam os centros da vontade, derrapando nos sórdidos desvãos da criminalidade de alta periculosidade.

O vício faz-se um impositivo orgânico ou psicológico que deve, afervoradamente, ser combatido.

Câncer exauriente, consegue sobrepor-se aos anseios de liberdade interior, enquanto parasitariamente se nutre de quem lhe depende, em tirânica batalha de aniquilamento.

Todo esforço com que se empenhe o homem no sentido de extirpá-lo significa mérito e passo avançado para o êxito dos seus cometimentos elevados.

Sutilmente, a princípio, depois coercitiva, a dependência viciosa é causa matriz da ruína de quantos transitam, inermes, pelas mãos inescrupulosas da desdita dourada. Da sensação pura e simples ao entorpecimento da vontade e à morte dos ideais, qualquer tipo de dependência, que desagrega o ser, culmina, invariavelmente, na loucura ou no crime de maior porte...

Além das conjunturas meramente psicofisiológicas, merece considerar-se que em toda dependência viciosa há sempre uma lancinante força obsessiva, mediante a qual seres pervertidos e viciados que viveram na Terra e se equivocaram, por processo natural de sintonia, imantam-se às criaturas humanas, às vezes sendo a causa do mal, em circunstâncias outras, o que é mais comum, dependentes, também, da falsa necessidade de que padece o homem...

Toxicomania, alcoolismo, tabagismo, sexualismo desvairado, paixões morais deprimentes, tais a mentira, a calúnia, a pusilanimidade, a idiossincrasia, são amarras perigosas e constritoras que ora dizimam expressiva soma de seres humanos, nos vários pontos da Terra.

❖

Sejam quais forem as razões, para a queda ou para a fuga, que não resolvem o problema que aflige o homem, sustenta o esforço e preserva o equilíbrio, reunindo as tuas possibilidades para a autossuperação.

Se te encontras dirigido pelos contingentes obsessivos ou vencido pelos ingredientes barbitúricos e estupefacientes, não permaneças inerme: é tempo de recomeçar a trajetória honrada. Volta atrás e tenta outra vez.

Nenhum sonho, por mais agradável, equipara-se a um momento de realidade feliz...

Oferenda

Todos podem enfermar, permitir-se depender desta ou daquela força primitiva e cruel. Lutar pela saúde e libertação, porém, constitui-lhe a prova fundamental do exercício da razão.

Não te receies tentar, insistir, perseverar.

O que não lobrigues agora, esforçando-te, conseguirás depois.

Inicia, porém, neste momento, e não adies tua realização, para a qual vieste ao corpo físico.

Se a tua dependência, porém, parecer-te superior às forças, busca Jesus, o Terapeuta Divino, recolhe-te à meditação do Sermão da Montanha e nele te renovarás e refarás, armando-te de entusiasmo honesto e salutar para viver e ser ditoso.

32

Autoridade e Dever

E Jesus o repreendeu, dizendo: Cala-te, e sai dele. E o demônio, lançando-o por terra no meio do povo, saiu dele, sem lhe fazer mal.

(Lucas, 4: 35)

A indiscutível autoridade de Jesus!
Todos os problemas solucionavam-se em face da sua interferência.

Identificado pelos Espíritos imundos e perturbadores como sendo o Messias, admoesta-os e os expulsa com bondade e energia, destrinçando as complexas amarras da obsessão.

Ao Seu toque, os tecidos enfermos em putrefação renovam-se, ativados pela energia dinâmica que d'Ele se irradia.

Conhecendo a problemática espiritual e cármica de cada um dos que O buscam, sem defraudar a Lei, nem cometer arbitrariedades, apressa o saldamento da dívida, facultando ao liberado completar o pagamento através do amor.

Homens, mulheres e crianças sentem-Lhe o poder.

Os Espíritos respeitam-nO.

Hidropisia, lepra, hemorragia, febres, paralisia, catalepsia, cegueira, surdez, mudez, obsessão e subjugação recebem imediata recomposição, e a saúde substitui a doença, inclusive nos mutilados.

Todavia, não apenas nos domínios das aflições físicas Seu poder e autoridade se manifestam.

Luxúria, adultério, sensualidade, egoísmo, ódio, revolta, disputas familiares, ciúme, soberba modificam-se nos seus portadores, ante a Sua presença.

Junto a Ele dealbam claridades novas, e os que dormem nas paixões despertam para o sacrifício, mediante o qual se redimem.

Não deblatera, nem se irrita.

Pulcro, contagia de paz e limpa as mazelas dos que O buscam.

❖

Não O percas de vista.

Nem te atribuas valores que não possuis, como não te permitas temores que não procedem.

A Seu serviço, ativa as possibilidades e multiplica as forças através do bom combate, na iluminação interior e na assistência fraternal aos sofredores.

Nota que Ele jamais se recusava.

Abria as mentes à verdade, mas lenia, também, as exulcerações do corpo.

Incitava à glória divina, todavia, amenizava as provações terrenas.

Conduzia ao Reino dos Céus, sem embargo auxiliava na elucidação das dificuldades humanas.

Apontava o Amor a Deus como a expressão mais alta da existência, e concitava o amor ao próximo como experiência autolibertadora.

Com severidade reprochava a hipocrisia dos fariseus, e utilizava da meiguice e piedade pra auxiliar os que sofriam.

Mácula nenhuma em Sua vida, deslize algum em Sua conduta.

Toma-O por Guia e segue-O sem recalcitrar.

O que não conseguires agora, realizarás depois.

O que ora te falta, *amanhã* será abundância nas tuas mãos, a serviço do bem.

Não aguardes triunfos imerecidos, nem te fixes às ideias de que lograrás resultados vantajosos nos teus empreendimentos com Ele.

À semelhança d'Ele, provarás o ácido da malquerença e o vinagre da ingratidão, o torpor da indiferença e a pedrada do despeito. Sempre defrontarás acusadores e censores severos. Não te perturbes ante a crueldade deles. Prossegue, apesar de tudo.

❖

Quando a tua alma estiver atônita no torvelinho das lutas, quando provares a soledade e a amargura, quando os teus melhores esforços parecerem inúteis e as tuas boas palavras forem confundidas, voltadas contra ti, conhecerás a perfeita independência, voando na direção d'Ele, com as asas da desencarnação, após o dever cumprido, com a autoridade n'Ele adquirida, de que fizeste o máximo ao teu alcance, portanto, tudo que pudeste fazer.

33

ADVERSÁRIO CRUEL

Escamoteia as intenções, sem modificar, realmente, os objetivos que tem em pauta.

Disfarça-se de mil formas, desaparecendo para ressurgir em outra apresentação, mantendo os firmes propósitos que o caracterizam.

Dominador, não se submete, por traduzir a força indômita do instinto, em detrimento do valor da razão.

Arbitrário, crê-se depositário de méritos que, em verdade, não possui.

Escravocrata, esmaga quem lhe padece a injunção, estiolando a esperança, por infeliz exteriorização, em quantos não se submetem ao seu comando e dele tentam apartar-se.

Morbo mefítico, expande-se a qualquer estímulo inferior e faz-se notado, no seu detestável disfarce.

É o egoísmo, esse adversário cruel do Espírito que aspira às estrelas, no processo iluminativo da sua ascensão libertadora.

❖

Não lhe dês trégua.
Não o agasalhes.

Não lhe permitas fixação nos refolhos da alma.

Não o estimules sob qualquer pretexto, sempre injustificável.

❖

O egoísmo é parasita destruidor.

Observa o ciúme, e verás o egoísmo revoltado por não deter a posse.

Examina a ira, e descobrirás o egoísmo contrariado, explodindo.

Detém-te na calúnia, e sentirás o egoísmo em regozijo.

Acompanha a maledicência, e tropeçarás no egoísmo em jornada de insensatez.

Contempla a vingança, e a terapia que tenhas será para o egoísmo que enlouqueceu.

Confere o furto, e o egoísmo justificará a posse indébita.

Em qualquer crime contra o indivíduo, a propriedade, o povo, as nações, eis o egoísmo, campeão da desdita, segurando as rédeas de comando arbitrário.

❖

Judas trai o Amigo, sob a ação nefasta de egoísmo incontrolável.

Pedro nega Jesus, acoimado pelo egoísmo temeroso.

Pilatos lava as mãos, dominado pelo egoísmo utilitarista.

Tomé duvida, sob a farsa do egoísmo suspeitoso.

No entanto, o Excelente Benfeitor, vivendo a Mensagem duradoura da felicidade total, propôs o Amor como o antídoto único, eficiente e capaz de vencer o egoísmo, para salvar o homem, auxiliando-o na convivência com o seu irmão, ao mesmo tempo que viva o Amor a Deus em toda a sua plenitude.

34

Compaixão e severidade

Os infortúnios ocultos são epígrafe abrangente de muitos problemas, que merecem da piedade cristã especial atenção.

Pelo hábito da caridade material, muitos lidadores da Causa evangélica preocupam-se em minimizar as necessidades socioeconômicas, oferecendo aos aflitos os recursos monetários, alimentícios, medicamentosos, habitacionais, firmados em salutares propósitos, dominados por euforia legítima e espírito nobre de solidariedade.

São de relevante importância essas expressões socorristas, sem dúvida.

Visitar morros e favelas, distribuir agasalhos e farnéis, orar com unção em caráter intercessor, ministrar passes constituem todo um equipamento de amor com que o Céu visita as necessidades da Terra, distendendo consolação e esperança.

Os infortúnios ocultos se repletam, não obstante, de outros tantos problemas, que somente a acuidade cristã apurada os pode detectar, e o coração amante, desarmado do egoísmo, consegue socorrer.

Não apenas os que nos trazem seus dramas merecem nossa caridade. Mas, também, os que convivem conosco em regime de fraternidade e serviço, na condição de auxiliares humildes e pessoas difíceis, de enfermos impertinentes e de companheiros lutadores...

Pessoa alguma há, que se encontre na Terra, sem problemas nem testemunhos; todos, porém, com os seus infortúnios ocultos.

Descobrir essas dores e atendê-las com elevação deve constituir o desafio para quem enceta, com honestidade, a tarefa da lapidação íntima, da ascensão espiritual.

❖

Evita censurar o teu irmão, mesmo que te escudes no eufemismo de que o fazes por amor.

Impede a proliferação da maledicência, silenciando-a no algodão do descrédito, quando chegue a ti, não a divulgando.

Credita ao próprio coração, com humildade, as lágrimas silenciosas que te constituem manancial de provação redentora, não espalhando azedume ou acrimônia.

Lembra-te de que o mundo passou até hoje sem ti e prosseguirá, depois que partas da Terra.

Ouve os pedidos de socorro, sem palavras, e atende-os quando se acerquem da tua afetividade.

Mérito algum possui quem ama as pessoas simpáticas.

Os que te parecem detestáveis têm suas dificuldades, como tu mesmo as tens, a teu turno antipático à apreciação de outrem...

Se não podes ou não queres ajudar, não reproves a ação alheia, nem geres animosidade contra eles.

Tuas dificuldades e limitações merecem respeito, as do teu próximo também.

❖

Os infortúnios morais ocultos são muito complexos.

Estiolam vidas que se esforçam por sorrir e amar, e ninguém nota.

Ceifam esperanças em quem trabalha com aparente ânimo forte, e não se fazem perceber.

Desagregam ideais em almas estoicas que lutam por vencê-los, sem se deixarem flagrar.

São ácidos requeimando por dentro e intimamente atormentando, sem sinais exteriores.

❖

Modifica a tua conduta diante das almas, já que estás informado, através da Doutrina Espírita, quanto à anterioridade do Espírito.

Sabes que o processo evolutivo é grave desafio a todos. Por isso não abdiques da benignidade, da tolerância, da simpatia e da paciência – expressões edificantes da caridade! – no teu trato com as criaturas do caminho.

Enquanto estiveres no corpo, não cesses de burilar-te, vencendo os teus infortúnios ocultos de natureza moral, com a mesma compaixão e severidade com que os aplicas contra aqueles que se acercam de ti.

35

Viagem da reencarnação

Na abençoada jornada que encetas sob as bênçãos da reencarnação, utiliza-te de todas as ensanchas para o ministério do progresso espiritual, tua meta maior.

Considera a vilegiatura carnal como uma estrada quilometrada com objetivos definidos e meta bem caracterizada.

À semelhança de qualquer rota, o seu curso se desdobra por paisagens límpidas e encantadoras, a claro céu ensolarado, sob intempéries vigorosas e sobre solos assinalados por problemas que impossibilitam o acesso...

Cada quilômetro vencido representa uma etapa anual de conquista laboriosa.

❖

Da mesma forma que o viajante comum se preocupa para a excursão, precatando-se contra as prováveis dificuldades, armando-se de previdência para enfrentar os trâmites difíceis e as possíveis ocorrências, no movimento reencarnacionista, igualmente, faz-se indispensável que medidas acautelatórias, de natureza preventiva ou reparadora, sejam colocadas em pauta e examinadas.

Nem sempre o avanço se fará com rapidez ou facilidade.

Aqui, é um caminho impérvio, onde os problemas se multiplicam impeditivos, podendo, sem embargo, a penates, ser contornado.

Ali, estão penhascos ameaçadores, cujos declives exigem embreagens e freios regulados, mediante os quais se poderá vencer o perigo.

Além, encontram-se pontes caídas sobre cursos d'água que, todavia, se farão transpostos, através de outros recursos.

Há sempre desafios, entretanto, sempre se dispõe de soluções para equacionamento dos óbices.

❖

Pelo caminho humano, em que o Espírito avança no rumo da Vida maior, repontam, também, surpresas desagradáveis, incidentes e testes que medirão a capacidade de resistência quanto de discernimento de cada viajante...

Os problemas servem para avaliar as aquisições morais, enquanto facultam que as conquistas amealhadas sejam colocadas à prova.

❖

No curso da evolução, por onde o Espírito transita para o grande norte, aparecem, providenciais, túneis que facilitam o acesso às metas buscadas.

Ao invés da montanha desafiadora ou do abismo aparvalhante, a técnica, no mundo, consegue abreviar as distâncias abrindo passagens subterrâneas. Nelas, todavia, defronta-se a questão das trevas, que são contornadas mediante os recursos das luzes artificiais ou das aberturas estratégicas, na direção da claridade...

Oferenda

O túnel moral, que intimida, mas facilita o processo da evolução, deve ser configurado como as provações, os graves momentos de dor, os testemunhos...

O cristão decidido utiliza-se da prece – verdadeiro canal que traz do Alto as claridades indispensáveis para que se esbatam as sombras –, perseverando no avanço.

Outras vezes pode acender também as luminescências da resignação e da coragem, que se assemelham à força elétrica, para vencer a escuridão aterradora...

❖

Não te olvides, jamais, que, por mais sombria se te apresenta a rota ou o túnel, por onde rumas, há claridade aguardando à frente, convidativa.

Não te avassalem os injustificáveis receios, nem te assomem os estresses alucinantes; não te facultes inquietações indesculpáveis...

Enquanto se está na Terra nada há em definitivo, ninguém está em segurança total.

A relatividade do corpo, os impositivos da evolução, os dados fornecidos pelo passado para a elaboração do programa do presente e do futuro são os responsáveis pelas conjunturas de cada momento, e as surpresas são mapeamentos que reprogramam atividades e realizações para o futuro.

Ninguém se considere, em razão disso, vitorioso, enquanto no corpo...

Quase sempre uma viagem exitosa, até certo ponto, pode interromper-se por tempo indeterminado, no último quilômetro.

❖

Vigia e trabalha.

Ora e serve.
Confia e sê fiel ao bem.
Sofre e liberta-te da constrição do erro.
Insiste e não desanimes.

❖

Jesus, nosso Modelo Perfeito, somente ao concluir a Sua tarefa entre nós, do alto do madeiro em que jazia crucificado, considerou-se vitorioso, ao bradar: – "Pai, em tuas mãos entrego o meu Espírito".

Quando tudo estiver consumado, poderás considerar-te vitorioso na tua viagem da reencarnação, por haveres logrado alcançar a meta perseguida, que é a libertação total e plena.

36
Tua doação

Fascinam-te as dádivas expressivas que são encaminhadas a serviço da filantropia e da caridade fraternal.

Os donativos em notas fiduciárias e valores bancários relevantes sensibilizam-te e empolgam-te.

Se pudesses, crês, ofertarias altas somas em dinheiro para as finalidades edificantes que se desdobram no mundo.

As oferendas de joias de alto preço e os títulos de terras valiosas, destinadas a hospitais e lares para a velhice, como para a infância, causam-te espanto, admiração.

Todo esse tipo de desprendimento por parte das pessoas largamente aquinhoadas pelos recursos financeiros causa-te um impacto agradável.

Comentas os gestos dos grandes filantropos e dos patronos da cultura, das artes, dos museus, dos educandários, dos órgãos de beneficência...

...E lamentas a situação em que transitas na atual conjuntura, impossibilitado de contribuir expressivamente para a erradicação da miséria, da enfermidade, da dor entre as criaturas da Terra.

Anelarias por ajudar e ajudar de forma eloquente, compensadora.

Embora mereça respeito tal conceito, a colocação do problema está mal posta.

Os que muito dão são credores de consideração, todavia, doam do que lhes excede, do quanto certamente não lhes fará falta.

Toda doação que beneficia alguém é digna.

Se, porém, não dispões do muito a oferecer, faze a tua doação de amor, ungido de alegria e de boa vontade.

❖

Uma explosão de ira que retenhas poderá ser a tua doação para a paz.

Manter-se em ação equilibrada e contínua, quando espocam a negaça ao dever e a defecção dos companheiros, far-se-á a tua doação para o bem geral.

A prece espontânea e discreta em favor de quem sofre constituir-se-á tua doação para a harmonia do próximo.

A fidelidade à amizade, com que te honra um amigo ou um afeto especial, tornar-se-á tua doação para a dignidade humana.

O otimismo nas atitudes, quando o trabalho se infesta de despeito e malquerença, expressará tua doação para sustentar o bem incompreendido...

Tuas doações morais são de alta magnitude, não as desdenhes.

Se podes ampará-las com a materialização de moedas e haveres, objetos e tesouros diversos, tornam-se significativas, sem dúvida, não maiores, porém, do que as que se te representam sacrifício e dedicação.

Oferenda

E se lograres doar-te, pessoalmente, esta tua parte é de inapreciável significação e alto valor.

❖

Exaltando a dádiva da humílima viúva ao gazofilácio, no dia das oferendas ao Templo, seguindo a tradição judaica, Jesus nos convocou à ação do bem, impedindo-nos as escusas e os sofismas ante a tarefa de auxiliar, sem comentar, é certo, que Ele se deu a Si mesmo, para a felicidade de todos nós, em sacrifício de amor.

37
Médiuns em desfile

Transitam com a mente atormentada, envergando roupagens distintas ou não, guardando na alma o estrugir de forças que os desconectam interiormente.

Passam em ruidosa diligência ao prazer, fugindo de si mesmos, sob o vergastar da indescritível agonia de que se gostariam de libertar...

Correm, promovendo um movimento insano que os agita, já em aturdimento, entre exclamações inditosas, perdidos na multidão, porém sequiosos de amizade, mergulhados nos abismos das dores que os estiolam...

Seguem buscando *coisa nenhuma*, sofrendo a inveja dos trêfegos, porque se alçaram aos postos de alto coturno, todavia se encontram perturbados sem um momento de equilíbrio, em face dos desajustes que experimentam.

Lutam pela conquista de valores expressivos, e, ao tê-los, afogam-se nas drogas e nos prazeres selvagens, afligidos por dramas de difícil solução...

Voejam de lugar em lugar, provocando ciúmes, despertando cobiça e sentem-se inditosos...

Difíceis de enumerados os padecimentos morais e físicos dos que se engalfinham nas jornadas da loucura, mediante as fugas espetaculares à responsabilidade, sob a injunção da mediunidade perturbada.

Portadores de faculdades que exigem atenção e impõem cuidados, esses sofredores entregam-se levianamente às evasões malsãs, procurando interromper o fluxo psíquico de intercâmbio que lhes brota de dentro, em momentosas comunicações espirituais obsessivas...

Detestam o dever e gostariam de receber respostas excelentes do Mundo espiritual com que, dizem, se fariam ideal instrumento da vida.

Querem a paz, mas não cessam de fomentar conflitos.

Promovem as satisfações do instinto e anelam por galgar as altas esferas da emoção...

Nada oferecendo a benefício próprio, requerem valores que não merecem.

A mediunidade é uma ponte colocada entre duas posições vibratórias, produzindo fácil intercâmbio.

Preservá-la a qualquer custo, enquanto luz a oportunidade, é relevante e inadiável dever.

❖

O correto exercício da mediunidade dar-te-á inefáveis alegrias na Terra e após deixares a roupagem carnal.

Não te constitui uma escara ulcerada a drenar misérias morais.

Não excogites, receoso, quantos testemunhos e labores te competem investir, a fim de lograres resultados felizes.

Todo ministério impõe contributo específico.

Cada dever resulta em direitos quanto o fruto descende da flor que se fana.

Oferenda

A mediunidade, extraídas as superstições dos vãos e retiradas as informações do sincretismo religioso negativo, é faculdade paranormal com que te provê a Divindade para a conquista de inexcedíveis valores.

Não tergiverses quanto ao aprimorá-la.

Medita:

– os pais são médiuns da vida;
– o operário é o médium da obra que executa;
– o oleiro é médium da forma;
– o agricultor é médium da abundância do solo;
– o escriba é médium das letras;
– o orador edificante é médium das alocuções formosas...

Mediunidade espírita, porém, é a que faculta o intercâmbio consciente, responsável, entre o mundo físico e o espiritual, facultando a sublimação das provas pela superação da dor e pela renúncia às paixões, ao mesmo tempo abrindo à criatura os horizontes luminosos para a libertação total, mediante o serviço aos companheiros do caminho humano, gerando amor com os instrumentos da caridade redentora de que ninguém pode prescindir.

38

Terapêutica desobsessiva

Desde que já consegues raciocinar com alguma clareza, após a grande crise psíquica que te conduzia à alucinação ou ao desencanto na depressão infeliz, faz-se indispensável que te revistas de maior soma de vigilância, a fim de que te precates contra a recidiva, voltando a cair no lamentável processo de aflição desnecessária.

De início evita as cômodas expressões: "não posso", "não suporto fazer isto", "não gosto desta terapêutica", ou outras que levam à fuga da responsabilidade.

❖

Valoriza o esforço.

A Lei do Trabalho é impositivo divino a que ninguém se pode furtar.

❖

Ninguém te indaga se a medicação ser-te-á ou não agradável.

Aplicar-te-ão a que se fizer necessária à tua recuperação.

Desde que estás em condições de logicar, és convidado a cooperar no tratamento, mesmo que o paladar se te afigure momentaneamente amargo, já que será através dele que recobrarás a saúde perdida.

❖

Pessoa alguma poderá ir contigo além do lugar onde queiras estacionar.

Se não fizeres da tua parte o que podes e deves realizar, os teus melhores afetos não conseguirão preencher as lacunas dos teus deveres, assumindo o compromisso que só a ti é lícito sofrer.

❖

Vigia a mente, que está saindo do letargo ou da exaltação, dependendo do tipo de sofrimento que experimentas.

És o condutor da tua vida e, portanto, senhor da vontade.

Exercitando a mente, esta te atenderá mediante processo natural de sedimentação dos impulsos, da fixação das mensagens que mandas, positivas, a fim de lograres adaptar-te, novamente, aos hábitos, dos quais te afastaste há pouco.

❖

Estuda páginas edificantes e otimistas, a fim de que consigas imprimir clichês mentais idealistas que funcionarão como o estímulo de que necessitas.

❖

Exercita os membros no trabalho.

A praxiterapia te dará motivação para que a "hora vazia" não se te constitua motivo de desfalecimento ou queda nos abismos da desordem mental.

❖

Lembra-te dos que sofrem mais e esforça-te pelo recuperar as forças, a fim de os ajudar, mais tarde, agora que conheces por experiência pessoal o significado da alienação transitória.

❖

Porfia na prece.
Ela dar-te-á alimento espiritual, criando ao teu derredor psicosfera superior, que impedirá a presença ou a insistência do perseguidor desencarnado.

❖

Concatena ideias e formula planos edificantes, através dos quais sentirás o alento para te libertares da canga perturbadora.

❖

Busca a conversação agradável.
O mutismo levar-te-á a um estado de letargia mental, tornando-te presa fácil dos desajustes emocionais.

❖

Sê gentil, não implicando por nada ou com ninguém, mesmo que no íntimo te insurjas contra isto ou aquilo.
A humildade e a submissão dão valor moral e fazem que granjeies mérito perante a Vida, conseguindo a libertação.

❖

Atende à medicação se estiveres sob cuidados especializados, porque a Ciência tem a sua inspiração divina a serviço do homem enfermo.

❖

Se a fluidoterapia, seja pelo passe, pela água magnetizada, pelo serviço de socorro ao desencarnado que te aflige, é-te ofertada, embora tenhas reserva para com esta metodologia, ajuda a quem te ajuda, abre-te em aceitação mental, esforçando-te por sintonizar com o labor, a fim de que te impregnes das forças com que te socorrem generosamente.

❖

Há muitas outras sugestões valiosas que funcionam como terapêutica antiobsessiva, que não foram referidas e nem aqui se poderia incluir todas. No entanto, estas prescritas, se forem observadas, os resultados felizes se farão com brevidade e a paz volver-te-á em forma de harmonia mental.

Disse Jesus: "Àquele que crê tudo é possível", o que podemos interpretar como àquele que se esforça, porque crê, os resultados salutares são possíveis e imediatos.

39

Conceituação de Felicidade

Cobiças a felicidade, e é natural.

Anelas por uma paz, que produzisse um estado de harmonia espiritual, longe de preocupações e sem contributo de ansiedades.

Buscas um bem que, em definitivo, de uma só vez, provocasse a superação de todas as incertezas e rudes conflitos do dia a dia.

Aguardas uma segurança íntima, feita de júbilos, argamassada com as águas cantantes do amor e o cimento forte da fé.

Esperas fruir o mundo em festa, onde a dor, a sombra e a morte não tenham oportunidade...

Fazes bem por assim desejar, por aguardar...

Não, porém, por te demorares somente à espera que tal ocorra.

É imprescindível mudar os fatores predisponentes e atuantes deste mundo onde evoluímos – nossa Terra-mãe, berço e apoio da jornada –, a fim de que, com ela, galguemos um mais alto degrau na escala da evolução.

Toda conceituação de felicidade que extrapole à ambição pessoal egoísta é válida e abre ensejo à sua realização no mundo das formas.

❖

Esta felicidade, porém, risonha e tranquila, ainda não é deste mundo.

Aqui poderá começar, pelo que faças, como realizes, por cuja dedicação te sacrifiques, a fim de gozá-la depois.

Planeta de expiações redentoras e de provas que avaliam as conquistas, é hoje o que se tem dele feito.

Jardim ou deserto, pomar de bênçãos ou solo agreste é, antes de tudo, nossa escola de crescimento, que nos cumpre respeitar e auxiliar, trabalhando a terra dos corações, a fim de que as sementes do puro amor possam germinar, desatando vida, e vida em abundância.

❖

Não desanimes, porque ainda não lograste o paraíso.

Vai ao seu encontro, mudando os seus doridos panoramas e trabalhando o país da tua vida interior, a fim de que te enriqueças com a luz da esperança e a inundes de conquistas valiosas.

❖

"Meu Reino não é deste mundo" – disse Jesus. Todavia, ensinou-nos com o sacrifício pessoal a sairmos deste, na direção daquele onde a felicidade já é uma realidade ditosa.

40
Profilaxia mental

Cultivas hábitos de higiene, objetivando preservar a saúde do corpo e obediente às conquistas éticas em torno do asseio. Não te descures, do mesmo modo, da tarefa de promover hábitos mentais que te propiciem harmonia emocional e equilíbrio psíquico.

Recorres à farmacopeia diante das indisposições orgânicas e dos distúrbios psíquicos. Não adies, igualmente, a busca da terapêutica evangélica, a fim de promoveres a saúde espiritual.

Buscas a cirurgia para extirpar órgãos e membros irrecuperáveis ou a fim de propiciar transplantes de peças que favoreçam a continuação da vida fisiológica. Não receies, da mesma forma, amputar do organismo moral os apêndices enfermos, que se te fixam em decorrência do passado ou de que facultaste contaminar os departamentos da alma na condição de viroses psíquicas por meio das ações deletérias...

Usas analgésicos e calmantes para diminuir ou vencer as dores. Não descuides da oração em forma de terapia enobrecedora capaz de minimizar angústias e reorganizar programas para o bem.

Propicias-te exercícios com função terapêutica, testes e ginásticas para a preservação das formas físicas e para a aquisição da longevidade orgânica. Não te recuses, também, o exercício da caridade como ginástica eficaz para a manutenção do patrimônio espiritual que te cabe preservar na marcha redentora em que te engajas.

❖

O corpo, esse patrimônio divino, colocado pelo Senhor à disposição do Espírito para que adquira experiências, na vivência terrena, merece respeito, carinho e disciplina. Todavia, a alma encarnada requer especiais cuidados que não podem nem devem ser postergados.

A habitação doméstica se estrutura sobre alicerces que penetram no solo, complementada de adornos e utilidades com que a vida se torna agradável, digna de ser vivida. No entanto, não dispensa depósitos de lixo nem esgotos preciosos, indispensáveis à saúde no lar...

Justo que, diante da necessária profilaxia mental, atirem-se aos esgotos domésticos e aos recipientes de lixo as ocorrências venenosas, miasmáticas, que fazem parte do cotidiano...

Assuntos maledicentes, censuras contumazes, notícias excitantes, temas vulgares, pensamentos deprimentes devem fazer parte do lixo que se arroja fora, em benefício do equilíbrio espiritual.

Assuntos perturbadores que ontem inquietavam, conversas vis que empolgavam, temas angustiantes que faziam vibrar, cometimentos inditosos que estimulavam devem merecer imediato reproche e abandono, a fim de que se não fixem nos painéis mentais, construindo ideoplastias infelizes, que levam à rebeldia, à loucura, ao suicídio...

Oferenda

Ideal que evites todas essas questões letais de aparência fascinante, por um momento, todavia, profundamente infelicitadoras em qualquer circunstância, logo depois.

Preserva o corpo e mantém a alma em regime de paz.

A diretriz evangélica é sempre profilática.

Se já escorregaste no erro, no equívoco, no compromisso negativo, é tempo de recuperares a saúde da mente, portanto, da alma.

Se ainda não te encontras contaminado, poupa-te, recordando a recomendação do Mestre, que, identificando as humanas fragilidades, receitou a súplica, na oração dominical, *livra-nos do mal*, porque é muito mais fácil ser feliz antes, do que após o contágio com o instante e a ocorrência prejudiciais.

41

SÊ ALGUÉM. FAZE O MESMO

Quando estavas a ponto de desequilibrar-te, alguém, um amigo devotado, ofertou-te os elementos para a harmonia.

Quando te encontravas em plena rampa da loucura, alguém, um familiar gentil, constituiu-te apoio e segurança para a recuperação.

Quando sofrias a incompreensão de muitos, alguém, um estranho bondoso, fez-se-te instrumento de confiança, oferecendo-te fraternidade.

Quando, desanimado, padecias a injunção constritora do autocídio, alguém, um desconhecido afável, acenou-te oportunidade nova.

Quando tudo parecia conspirar contra os teus planos de progresso, alguém, um colega fiel, por quem tinhas apreço, tornou-se o fator da tua ascensão.

Quando a enfermidade te deperecia as forças e a solidão assenhoreava-se dos teus dias, alguém, um silencioso amor, surgiu e restabeleceu as tuas energias, repletando de sol a tua noite íntima e de companhia a tua vida.

❖

Há sempre alguém lidando, esperando, cooperando em favor de todos nós.

Desconhecido ou amigo, afeto ou familiar, transeunte ou companheiro, esse alguém é o símile do samaritano bondoso e nobre, a que se refere a parábola evangélica.

Diligente, atento e amigo, ele chega e age, oferecendo recursos e doando-se com inusitada dedicação, a fim de reerguer o abatido e socorrer o tombado na via evolutiva.

Todas as criaturas já o defrontaram e dele receberam ajuda.

Ele chega, ampara, ama e vai-se adiante.

Não reclama, não faz um rol dos próprios atos bons.

Segue-lhe o exemplo.

❖

Não digas que da vida recebeste somente o fruto amargo da desilusão, ou encontraste apenas a ajuda negativa do desespero.

Não relaciones os males, os acidentes defrontados.

É certo que há almas em desequilíbrio, produzindo desaires. São a minoria ágil, movimentada.

Não tomes os maus exemplos para teus exemplos. Nem te fixes neles.

❖

Indagado pelo farisaísmo doentio, que tentava surpreendê-lO em equívoco, Jesus respondeu com ternura e energia ao astucioso inquiridor, que fingia desconhecer quem era o seu próximo: "Sê como aquele que usou de misericórdia para com o infeliz. Vai, tu, e faze o mesmo".

Faze, também tu, o mesmo, sendo o alguém para quem esteja em rude prova na rota por onde segues.

42
Com Jesus

As boas-novas se espalham como o pólen abençoado de uma era de felicidade, que domina os corações, modificando as velhas estruturas e os conceitos ultrapassados das gerações antigas.

Antes, os postulados se levantavam sobre as bases da dominação arbitrária, e os triunfos se faziam sobre os solos juncados pelos cadáveres das vítimas indefesas.

Os desgovernos elegiam os seus chefes pela impiedade, sob o açodar das paixões que os galvanizavam para o domínio impiedoso com que se faziam temidos e detestados.

O fruto da guerra era dividido entre a soldadesca desvairada, enquanto a multidão famélica e aturdida marchava para as matanças indiscriminadas, sob açoites de incoercível aflição.

Demoravam na Terra as forças do egoísmo e as alucinações desmedidas dos transitórios caminhantes humanos.

Com o Evangelho, modificou-se o ambiente.

Jesus significa o anelo dos fracos e é a esperança dos vencidos.

Sua voz traz a urgente diretriz da felicidade sem as condições asfixiantes dos impositivos humanos.

Suas condições, a brandura e a humildade!

Não mais o homem se verá constrangido à destruição pelo seu próprio irmão.

Instala-se, em definitivo, no mundo, o período áureo da fraternidade, em que todos se dão as mãos, edificando na esperança de todos a felicidade geral.

❖

O jugo do mundo escraviza, as cadeias humanas infelicitam, os impositivos terrenos perturbam e amarguram.

Com Jesus surgem novas condições: o poderoso é aquele que vence a si mesmo; o fraco, o que se submete às paixões; vitorioso é quem supera as imperfeições e não se propõe predominar sobre os demais do caminho redentor.

É suave o jugo do Senhor em relação à criatura humana. O fardo faz-se leve ante as circunstâncias de amor que se desdobram e as possibilidades de elevação que se apresentam.

❖

Quando as dificuldades rondarem os teus passos e os problemas se te fizerem mais graves; quando estiveres a ponto de desistir ou de sucumbir; quando as vozes em acusação ensurdecedora se voltarem contra as tuas disposições felizes, não te deixes arrastar pela aflição desnecessária nem te permitas reagir sob o império da revolta. Entrega-te a Jesus e n'Ele confia, doando-te em regime de totalidade, pois que com Ele o fardo é sempre leve e suave todo o Seu jugo.

43
Ante o bem e o mal

A dualidade convencional do bem e do mal pode ser apresentada de forma simples, sem atavios.

A opção do bem, a seleção do mal defluem de uma colocação espontânea do pensamento, excetuando-se os casos de impulsão psicopata.

Por que a eleição do pessimismo, quando a vida é um hinário à beleza otimista?!

Por que a aceitação tácita da tristeza, quando o mundo é uma obra de incomparável beleza, desafiando a imaginação do homem?!

Por que a aptidão para as faixas inferiores, quando tudo obedece a uma atração gravitacional superior: "Quanto maior o corpo, menor a sua queda?!".

Por que a experiência da sombra, se a luz é a tendência que governa a Criação?!

Por que a observância maldosa, quando a piedade é a voz corrente da Natureza?!

Por que a utilização da violência, se tudo, no orbe terreno, resulta de uma molécula primária que se desdobra e, em harmonia pacificadora, multiplica-se, gerando as formas mais complexas?!

Por que o instinto destrutivo, quando as leis que vigem no Universo são de edificação?!

Por que a contínua tendência para negar, se pensar é uma forma afirmativa da vida exteriorizada pelos neurônios cerebrais, que se vão consumir na desarticulação cadavérica?!

❖

A escolha do ponto de ação revela o que se deseja na conjuntura carnal: o bem ou o mal.

O Zendavesta, de Zoroastro, narra, em linguagem milenária, a luta de Ormasde e Arimânio, simbolizados na doutrina bíblica do anjo e do demônio, traduzidos na literatura contemporânea em Mr. Hyde e Dr. Jekyll.

Não se diga que no homem estão conflitantes as duas forças: a do bem e a do mal.

Gerado pelo Divino Amor, está o homem fadado ao Amor.

O bem, nele ínsito, é a preservação da vida, o estímulo para a vida, a geratriz da vida. É a luta para que a vida se mantenha.

O mal é a negação disto, que o indivíduo elege, porque se deixa dominar pelos instintos primevos, constitutivos da ação orgânica sobre o hálito divino que vitaliza o corpo.

Eleger a condição em que prefere transitar é opção livre de cada um.

Por isso, cumpre-nos modificar a paisagem vigente no mundo pela aceitação do bem, que é um impulso natural da vida e o destino compulsório do ser.

❖

Assim reflexionando, não dês guarida às injunções primitivas de que estás tentando libertar-te. Esforça-te pela opção positiva, como te inclinas para as tendências de supremacia de mando, de primarismo, de governança, de destemor, de posse, a que te arrojas, muitas vezes, insensata e desequilibradamente.

A diretriz do bem é aquela que acalma, que normaliza, que dulcifica e integra o homem na consciência cósmica.

Ninguém espere, porém, o salto na catapulta do momento para lograr a cumeada do êxito, sem o esforço da escalada da montanha da dificuldade, degrau a degrau.

Ninguém há que frua privilégio a que não faça jus, na condição de uma eleição por preferencialismo da Divindade.

Espírito secularmente vinculado ao lado sombrio da natureza humana e à convencional manifestação do mal, opta pela eleição do bem e atira-te à busca desse bem incessante, através de esforço acendrado e com impostergável ação no dia de hoje, porquanto cada dia que passa é uma oportunidade vencida, e cada chance perdida é um degrau a mais por conquistar.

Mantém, assim, o teu espírito de união otimista, de vinculação com o bem, porque Cristo Jesus, nosso inspirador e Mestre, entre a opulência enganosa de Tibério César, que se cadaverizava na glória mentirosa do mundo, e a cruz, elegeu a última, com que permanece até hoje como o Supremo Governante do orbe terrestre, invencível à morte, à decomposição e à miséria mundanas.

44

Oportunidade da Paciência

Escuda-te na paciência.

Ninguém improvisa equilíbrio ou logra paz sem o investimento da perseverança na vivência dos ideais enobrecedores.

A paciência resulta do comportamento ético que a criatura mantém em relação aos ideais que esposa, fascinada pela significação deles.

O cristão – e em particular o espírita – deve escudar-se na paciência a fim de atingir o êxito nos cometimentos a que se propõe.

❖

Paciência é bênção da vida a quem respeita a vida.

Transbordam rios de problemas, ameaçando a barca da tua conduta?

Tem paciência. Amanhã a situação se terá modificado.

Chuvas torrenciais de aflições transformam o teu pomar de alegrias em caos onde abundam destroços?

Tem paciência. O dia novo trará sol amigo e abençoado, que refará a paisagem com o auxílio da tua ação.

Enfermidade ultriz surpreende-te os passos quando te candidatas ao apostolado do bem?

Tem paciência. O despertar para a verdade já é vivê-la, e o confiar nela é dar início à sua realização.

Inimigos gratuitos forcejam a porta das tuas esperanças, assacando calúnias e arrojando-te impropérios?

Tem paciência. Recolhes hoje as tempestades que semeaste, mas o futuro dar-te-á o fruto da sementeira que agora produzes.

A noite sombreia-se de dificuldades, levando-te a conclusões pessimistas?

Tem paciência. Além da treva brilha a luz e, longe das tuas percepções débeis, há claridades desconhecidas a apontarem o rumo da vida.

Companheiros desertam do ideal que os sustenta?

Tem paciência. Eles estão comprometidos com a vida e, não podendo segui-lo, agora, avança tu.

Decepções assinalam as tuas atividades, no exercício do bem?

Tem paciência. A edificação do Reino de Deus exige o trabalho puro e simples, mais a abnegação e o sacrifício com devotamento total.

❖

Em todo lugar, em qualquer circunstância, preserva a paciência.

Com paciência observarás a semente intumescer-se na intimidade da terra, o embrião surgir, a plântula desdobrar-se, agigantar-se o vegetal, coroar-se de flores, bendizer-se com frutos e perpetuar-se em sementes novas.

Pacientemente, o Pai opera sem descanso e o Mestre trabalha sem descoroçoamento. Não têm pressa na modificação das estruturas dos orbes, da Terra, do homem. Esperam e esperam decisões felizes e a dedicação integral de cada qual.

Com paciência vencer-te-ás a ti próprio, superando limites, aprimorando aspirações, corrigindo imperfeições e, candidato que és à conquista da paz, chegarás além das sombras físicas, à plenitude da vida, liberado e ditoso para a tua glória estelar.

45

Sem retenção egoística

Proscreve da lavoura dos teus sentimentos o egoísmo ignóbil, a fim de poupar-te aflições que podes dispensar.

Mascarando-se, multiface, ele surge e ressurge na gleba das tuas aspirações, dominando as tuas paisagens íntimas, produzindo mal-estar e incessante inquietação.

Ama, mas não retenhas, a quem te afeiçoas, nas tenazes fortes dos teus caprichos.

Ninguém pertence a ninguém.

Objetos, valores e posses transitam pelo mundo sob mordomias passageiras, mudando de mãos sob o implacável suceder dos minutos no relógio do tempo.

O egoísmo urdirá manobras hábeis aferrando-te à ganância e à subtração dominadora das coisas, deixando-te iludir na presunção de que és detentor.

Nada obstante, a incoercível Lei da Evolução impõe câmbios e transformações a que ninguém se pode furtar no estreito e breve caminho a percorrer, do berço ao túmulo.

Exercita, desse modo, o desprendimento para que não padeças difíceis injunções de desespero, quando passem pelas tuas mãos os tesouros que seguem adiante...

Dá início a uma disciplina mental em torno do uso sem o tormento da propriedade, assim familiarizando-te com os impositivos da própria vida física, ilusória e sem qualquer garantia.

Não te enganes no egoísmo da posse, mesmo que ele se te insinue pernicioso na casa mental.

❖

Se amas, não constranjas o ser amado a amar-te sob imposições que o infelicitarão, por fim em ti mesmo gerando frustração e dor.

Por mais te doa hoje a conjuntura de vê-lo seguir adiante, evita pensar que tal não sucederá. Antes, cria condições de adaptação mental, para quando se te suceder a ocorrência não se te despedacem o coração e os sentimentos elevados, arrojando-te nos precipícios da insensatez e da loucura.

Ama sem posse, por mais te pareça improvável lográ-lo.

Se és amado, não condiciones a doação do teu afeto.

Reparte bondade, quando não te seja possível atender às solicitações que se te fazem endereçadas.

A bondade, sem vínculo de profundidade afetiva, comprometedora, pode ser alimento abençoado para a fome de quem te bate à porta das responsabilidades maiores da vida.

Se a tua solidão recebe o apoio da amizade, não te concedas transformar a água pura, que te pode dessedentar, em rio de desejos em que te afogues sem necessidade...

Não vale a posse de um momento o largo tempo da amargura e da decepção.

Cada dia é bênção de Nosso Pai, trazendo surpresas e provas conforme as necessidades de todos nós.

Prescreve-te paciência e confiança nas providências divinas e não te alucines, retendo quem e o que deve seguir além, no curso natural da sua própria escolha.

Se são coisas, volverão, caso permaneças no teu lugar de renúncia.

Se se trata de corações afetuosos que não querem mais ou não desejaram ficar contigo, volverão, caso cresças para a vida e lhes projetes a luz da felicidade futuro adentro...

❖

Não tinha teto, nem leito, nem posse alguma – Jesus –, e era o Rei Solar!

Amou, doou-se, convidou corações – marchou, porém, a sós –, carpindo abandono supremo no mundo, em cuja trilha de doação total confeccionou a túnica nupcial para o excelso noivado com a criatura humana, que Ele prossegue aguardando, sem retenção nem posse.

46
Incerteza e ação

Interrogas com a mente em brasa: – *Que caminho seguir? Desdobram-se, favoráveis para mim, os rumos do futuro humano em termos de garantia e segurança, como dantes jamais ocorrera. No entanto...*

Perquires com o espírito aturdido: – *Como servir a Jesus, num grupo díspar e complexo, quando eu O sinto como um apelo veemente para a doação total? Atrai-me o ministério da convivência pessoal com a dor, o partilhar dos suores e das agonias. Apesar disso...*

Reflexionas em ansiedade: – *Como fazer? De um lado as portas do progresso e do êxito que se abrem e doutro a dependência constritora, o grupo de trabalho evangélico. Que realmente desejo da vida? A liberdade parece-me o roteiro de maior segurança. Sem embargo...*

❖

Não são poucas as interrogações que chegam à mente do discípulo do Cristo, ante o mundo atraente, as injunções do passado, as condições da personalidade e a estrada estreita, a porta...

O rumo é muito importante no acesso à porta da redenção.

A humildade no sentimento cristão é mais do que um momento de entusiasmo. Deve ser uma luta constante contra os fatores infelizes que se instalam na alma e não cedem lugar.

Trabalhadores bem credenciados do Evangelho, ante a opção rigorosa do processo evolutivo, não raro buscam a conciliação, a acomodação.

Embora investidos de objetivos nobres, demoram-se, apenas, nos objetivos, sem os tornarem realidade desafiadora, que trabalha o íntimo, burilando-o para refletir a estrela solar do Amor de Jesus.

Outras vezes, o impulso para a ação espontânea, solitária, constitui derivativo que o tempo desvirtua e anula.

"Eu sou a porta das ovelhas" – disse Jesus.

O rumo para atingir essa passagem de acesso é o trabalho incessante e bem dirigido.

❖

Não te estremunhes no roteiro de iluminação espiritual.

Não arroles queixas nem mágoas.

O Paraíso está longe e a convivência com os anjos ainda não te é possível.

Sê fiel na tua parte, fazendo o melhor ao teu alcance.

Porfia com decisão, após tomá-la.

Resolve-te em definitivo e faze o que deves fazer.

Quem posterga perde a oportunidade e sofre atraso na realização.

Vigia, a fim de que não sejas vítima da urdidura dos adversários invisíveis.

❖

Oferenda

O ministério de Jesus foi todo marcado pela deserção de uns, pelas dúvidas de outros, pela ingratidão de vários, pela perseguição gratuita, pelos empeços e problemas.

Havia de tudo para fazê-lO desistir. Não obstante, Ele permaneceu até o fim, continuando até agora, confiante em nós.

Não te evadas, afirmando que Ele era perfeito enquanto tu não o és.

A todos nos concede Sua força e Sua paz, principalmente aos que intentam ser fiéis até o momento final.

47
Programa de autoiluminação

Assume o compromisso do autoburilamento espiritual e não tergiverses no empreendimento.
Lutarás contra fatores vigorosos de natureza interna, que parecerão conspirar, impedindo-te a promoção dos valores relevantes.

Defrontarás empeços que se avolumarão, dificultando-te a marcha.

Surpreenderás sutis convites e fortes imposições, incitando-te à desistência.

Crescerão problemas desafiadores, exaurindo-te os esforços de perseverança, numa conspiração em favor da tua deserção.

Incitar-te-ão ao desânimo e repontarão acusações ferinas, em rude agressividade contra os teus propósitos de enobrecimento.

❖

Enquanto não abandonaste a craveira comum dos que se encontravam aturdidos na horizontal dos enganos, não chamavas a atenção.

Nas circunstâncias comuns, confundias-te com a turba iludida quanto às finalidades superiores da vida.

Sentias-te inútil e, de certo modo, não produzias no bem nem para o bem.

Somavas desaires a angústias, longe de qualquer propósito de renovação. Não despertavas nenhum outro interesse, não eras valioso.

A balbúrdia produz comoção pela própria atroada que propicia.

A vivência da virtude, no excelente conteúdo do sentimento cristão, passa ignorada a princípio, não raro, depois combatida.

Exige-se dela e de quem a busca viver o que se não pretende oferecer, levantando-se barreiras impeditivas à sua realização, e provocam-se aranzéis com que se supõem dificultar-lhe a promoção.

❖

Sem alarde, sem deperecimento, insiste no programa abraçado em torno da tua iluminação interior.

Se não fores compreendido, persevera.

Se sofreres coerção, insiste.

Se experimentares perseguição, porfia.

Se receberes agressão, avança.

Seja qual for a ocorrência negativa, aceita-a como incitamento à perseverança com que te libertarás das mazelas, que te jugulam à inferioridade, e das escamas que te sombreiam a claridade visual, melhor discernindo, a partir de então, e realizando sob a inspiração e direção de Jesus, que é o Modelo e Guia de todos nós, que nos espera, paciente, a vitória sobre a *natureza animal* em plenitude da *natureza espiritual*.

48
Serviço hoje

Fala-se muito em programas de erradicação do analfabetismo, de modificação das atuais estruturas, de esquemas de educação das massas, de planejamento da família, de trabalhos de base, a fim de que a miséria se retire da Terra, em definitivo.

Técnicos em comportamento apresentam planos fantásticos com que esperam resolver, senão diminuir, os altos índices da atual criminalidade.

Estatísticos bem-intencionados levantam gráficos e índices sobre a delinquência infantojuvenil, propondo medidas que educadores e sociólogos estudam, projetando organogramas de atividades que mudariam a paisagem vigente, amarga, destes dias.

Religiosos reúnem-se, preocupados, estabelecendo diretrizes para as massas sofridas e convidando à reflexão, à responsabilidade governos e indivíduos, para uma real modificação do panorama afligente que se vive no mundo...

Aguardam-se verbas, tempo, disponibilidades, equipes, atualizações de métodos, ensejo de experiências...

Muito valiosos todos esses esforços, de alta significação tais preocupações.

Enquanto, porém, não se realizam, não te detenhas à espera, ao mesmo tempo que proliferam os males e as dores se multiplicam.

A miséria não é só de natureza econômica.

Pensa nos párias morais, igualmente merecedores de apoio e amparo.

Age, portanto, aqui, e serve agora.

Se não podes muito, faze o que podes e estarás realizando o máximo ao teu alcance.

Os tecnólogos pensam nas grandes soluções; trabalha tu com o indivíduo.

Os expoentes do conhecimento propõem as equações gerais; cuida tu das pessoas.

Como demoram de chegar as respostas hábeis para os problemas dos homens, auxilia o teu irmão mais próximo com a luz da bondade.

❖

Uma frase gentil proferida com um sorriso afável não tem preço.

O calor da amizade repartido com alguém em penúria moral excede os valores amoedados.

O interesse fraterno por uma criatura em desvalimento ultrapassa, em significação, as dádivas materiais.

A presença, ao lado de quem chora, é de relevante resultado.

O sentimento espontâneo de solidariedade, para com uma pessoa caída em desfavor das circunstâncias, dignifica e eleva o beneficiário.

Oferenda

O amor que se expande é a resposta da vida na direção de qualquer vida em deperecimento.

❖

Dir-te-ão muitas pessoas que nada significam esses contributos, em considerando o volume das desgraças socioeconômicas que despedaçam milhões de seres. Talvez tenham razão.

Malgrado não resolvam os problemas gerais, ajudam as dificuldades pessoais, exercitam-te no dever para com os homens.

O importante não é solucionar ou mudar as dificuldades terrenas, mas servir.

❖

Há quem te desanimará no serviço da fraternidade com os sofredores, escusando-se de seguir-te o exemplo. Não lhe dês ouvidos.

Aparecerá quem te censure a ação generosa, fugindo ao dever de servir. Não lhe concedas atenção.

Um grão que se arrebenta em vida oferece sementes que reverdecerão um campo...

A palavra que salva uma vida, desta fará um condutor de destinos humanos.

Não te preocupes com o volume do que possas e deves fazer. Atenta para a criatura a quem te dedicas, doando-lhe amor e vida hoje, porquanto o futuro é de Deus e Ele o resolverá, se ajudares desde agora.

49

O PROBLEMA DA RENÚNCIA

Quem quer que, tendo posto a mão na charrua, olhar para trás, não está apto para o Reino de Deus. (Lucas, 9: 62)

O agricultor diligente padece as injunções do clima áspero, as dificuldades do solo, a adversidade das pragas na sua gleba, a fim de que a sementeira de hoje se faça bênção de colheita futura, renunciando a comodidades e repouso.

O oleiro toma do barro pegajoso e modela-o, na antevisão da peça de utilidade que surgirá, renunciando à limpeza e ao conforto momentâneos.

O artesão experimenta a rudeza do trato com o material de que se serve, pensando no objeto que plasma, renunciando à placidez do descanso e da ociosidade.

O desbravador das terras e mares experimenta as difíceis injunções do meio, pensando nos benefícios futuros do esforço, renunciando à família, à civilização...

Em todo ideal de engrandecimento humano, a renúncia é impositivo indispensável.

O problema da renúncia está no significado que se empresta ao móvel central que a inspira.

Atitude de sabedoria é renunciar ao imediato prazer que passa breve, pela satisfação mediata, que não tem termo.

Perfeitamente natural que no empreendimento espiritual se cumpra a exigência da renúncia a determinados objetivos, a fim de lograr mais relevantes metas.

O homem, no mundo, não poucas vezes vê-se constrangido a renunciar a uma aquisição para lograr outra. Significativo é o esforço, quando tomado em função de valores éticos expressivos, evitando frustrações e desaires.

❖

Renuncia ao amor-próprio, a fim de viveres a fraternidade legítima.

Renuncia à maledicência, em considerando as próprias ulcerações morais que trazes ocultas.

Renuncia ao ódio, tendo em vista a necessidade do perdão.

Renuncia à comodidade, renovando-te pelo trabalho na caridade fraternal.

Renuncia à inveja, precatando-te contra a loucura.

Renuncia aos triunfos transitórios logrados a qualquer preço, sobrepondo-lhes as esperanças e consolações espirituais que te aguardam.

Renuncia ao orgulho, antes que te envenenes interiormente.

Renuncia à sensualidade, edificando no imo o templo ao amor puro.

Renuncia aos alheios caprichos e retentivas familiares ante o chamado de Jesus e dá-te em regime de abnegação, se possível, de totalidade...

❖

O homem a tudo renuncia, quando acionado pelas ambições mundanas.

O patriota segue ao clima da guerra, renunciando aos vínculos da família, buscando preservar a paz.

Renuncia-se aos liames da consanguinidade, quando se inicia a construção de nova família pelos laços matrimoniais.

Sobrepondo-se à excelência da vida futura, as renúncias do trânsito carnal nada significam, antes constituindo emulação para o labor que se abraça em espírito.

❖

Arma-te de coragem e investe tuas forças na renúncia, no silêncio, no trabalho edificante, na ação da caridade e renuncia, renuncia sempre que possível.

Quem renuncia, possui; quem frui, deve.

"Quem quer que, tendo posto a mão na charrua, olhar para trás – asseverou o Senhor – não está apto para o Reino de Deus."

Jesus, o Mestre por Excelência, renunciando aos enganosos e sedutores triunfos da Terra, que O não fascinaram, lecionou que a verdadeira ventura consiste na superação das humanas conjunturas, para demonstrar a grandeza da paz sem conflito e da felicidade sem jaça.

50
Rumo às estrelas

Considera a vida física uma estrada quilometrada a iniciar-se no berço e encerrar-se no túmulo.

Tem em mente que, após o túmulo, igualmente se alonga a vida, na condição de uma rota que se perde nas estrelas e que percorrerás...

Cada etapa representa um desafio ou vários, que te cumpre vencer. Conquistado um trecho, outro se distende à vista, aguardando.

A vitória somente será tida como válida após a conclusão da jornada, quando poderás fazer uma segura avaliação das conquistas e um exame das experiências.

Ultrapassada a marca de cada quilômetro, não te detenhas relacionando os insucessos, porque isso te atrasará o avanço.

O estudo das dificuldades deverá constituir-te contributo para evitar tombares noutras, identificando-as com antecipação, a fim de evitá-las.

❖

O caminho se distende à frente.

Não te detenhas na evocação das tristezas nem na coleta dos dados deprimentes.

Viagem alguma pode ser feita sem os incidentes naturais do próprio cometimento.

Na Terra, todos se encontram em reeducação.

O que parece mal é, não raro, bênção. Colhe o melhor proveito e segue adiante.

Evita imaginar ou manter conceitos perniciosos. A tua dor é recuperação dadivosa.

Ninguém passa invulnerável a ela.

Objetivando a meta, atravessarás, na vilegiatura, vales e acumes, charcos e terreno firme, dias de claro sol e noites sombrias, clima áspero e ameno...

O importante é atingir o fim que colimas.

❖

Se é noite na tua alma, hoje visitada pela amargura injustificável, acende a luz da esperança.

Porque teimam os fatores deprimentes em dominar-te o entusiasmo, esforça-te em face dos sublimes compromissos abraçados.

Como insiste a tristeza, unge-te de fé e bendize o aguilhão.

As alegrias do êxito compensarão todas as dificuldades que parecem impedir-te o avanço.

Estás convocado a realizar muito pelo bem.

Sem a presença do sofrimento na alma, serias somente um candidato jovial à ação edificante, com facilidade de romperes o compromisso...

Não recalcitres.

Amigos devotados marcham contigo. No silêncio da tua prece, vitalizam-te, na ansiedade dos teus sentimentos, envolvem-te em carinho.

Ganha, a cada dia, um marco novo, sem olhar para trás.

❖

Esbordoado pela pusilanimidade de um jovem militar, Jesus não revidou nem se lamentou. Interrogou-o, bondoso, pela causa do seu gesto de violência. E porque demandava às estrelas aurifulgentes, abraçou a Cruz e tornou-se o definitivo Caminho pelo qual encontraremos nossa libertação.

51

Indispensabilidade do trabalho

O progresso, nas suas mais variadas expressões, tem as suas diretrizes fixadas na Lei do trabalho, sem o que não se conseguiria sustentar.

Desse modo, em todo o Universo, o trabalho é a expressão de grandeza que reflete a Glória do Pai Criador.

O silêncio sideral é somente pobreza da humana acústica, quanto o repouso é colocação improcedente, de referência às realidades da vida.

Em tudo e em toda parte, onde pulsa a vida, a Lei do Trabalho produz e comanda as soberanas realizações.

Ninguém que dele se encontre isento, a pretexto algum, ou possa prescindir do seu relevante cometimento.

Portanto, não te escuses do seu sagrado compromisso.

Vives o teu maior momento e é imprescindível que o aproveites com sabedoria, galgando os degraus da evolução, a penates que sejam de dor e pranto, de ansiedade e sofrimento, porém, com as mãos na charrua da ação edificante, amando e servindo sem cansaço.

❖

Aqueles que encontramos Jesus, aprendemos que serviço é a honra que nos cumpre disputar em qualquer situação em que nos encontremos.

Há sofrimento que nos espia e ação que nos aguarda.

Os santos, os cientistas e heróis não nasceram concluídos; fizeram-se através de infatigável trabalho com que se lapidaram as arestas, superando-se, até poderem insculpir no imo da alma a destinação gloriosa de todos nós.

Ninguém que se encontre em regime especial ou condição de privilegiado, eximindo-se ao trabalho.

A luta é lugar-comum para todos nós, Espíritos imperfeitos que reconhecemos ser.

Mediante o trabalho, fomenta-se a grandeza do mundo e estabelecem-se as condições de harmonia e paz entre as criaturas humanas.

Regiões insalubres, vales tristes e ermos, pântanos letais, desertos sáfaros aguardam a ação do trabalho com que se converterão em celeiros de bênçãos e oásis de paz.

Trabalha e trabalha sempre, renovando-te sem cessar.

Jesus, o Excelso Trabalhador, continua até hoje laborando a nosso benefício e aguardando que, a nosso turno, façamos o mesmo a benefício próprio e do mundo.

52

EDUCAÇÃO MEDIÚNICA

O exercício da mediunidade impõe disciplina, equilíbrio, perseverança e sintonia.

A disciplina, moral e mental, criará hábitos salutares que atrairão os Espíritos superiores interessados no intercâmbio entre as duas esferas da Vida, facilitando o ministério.

O equilíbrio, no comedimento das atitudes, durante a absorção dos fluidos e posterior comunhão psíquica com os desencarnados, auxiliará de forma eficaz na filtragem do pensamento e na exteriorização dele.

A perseverança no labor produzirá um clima de harmonia no próprio médium, que se credenciará ao serviço do bem junto aos Obreiros da Vida Mais-alta, objetivando os resultados felizes.

A sintonia decorrerá dos elementos referidos, porque se constitui do perfeito entrosamento entre o agente e o percipiente na tarefa relevante.

Transitória e fugaz, a mediunidade, para ser exercida, necessita da interferência dos Espíritos, sem o que a faculdade, em si mesma, se deteriora ou desaparece.

Quanto mais trabalhada, mais fáceis se fazem os registos, cujas informações procedem do Além-túmulo.

❖

As disposições morais do médium são de vital importância para os cometimentos a que ele se vincula, pelo impositivo da reencarnação.

Não apenas o anelar pelo bem, mas o executar das ações de enobrecimento.

Não apenas nos instantes ao mister dedicado, mas num comportamento natural de instrumento da Vida.

Sendo o recurso valioso de quem se encontra no meio, na condição de instrumental, imprescindível a conscientização do intermediário em favor dos resultados felizes.

A educação do médium, coordenando atitudes, corrigindo falhas de qualquer natureza, evitando estertores e distúrbios, equilibrando o pensamento e dirigindo-o é técnica que resultará eficaz para uma sintonia correta.

Nesse sentido, a evangelização espírita se impõe em caráter de urgência, evitando-se a vinculação com práticas e superstições perfeitamente dispensáveis.

São os requisitos morais que respondem pelos resultados favoráveis ou não, na tarefa mediúnica.

❖

Jesus recomendou com sabedoria aos Seus discípulos, portadores da mediunidade:

"Curai os enfermos, expulsai os demônios, dai de graça o que de graça recebestes", numa diretriz que não dá qualquer margem à evasão do dever, tampouco à acomodação com o erro, à indolência ou à coleta de lucros materiais ou morais, como decorrência da prática mediúnica.

O galardão de quem serve é a alegria de servir.

❖

Doa as tuas horas disponíveis ao exercício da mediunidade nobre: fala, escreve, ensina, aplica passes, magnetiza a água pura, ora em favor do teu próximo, intervém com bondade e otimismo nas paisagens enfermas de quem te busca, ajuda, evangeliza os Espíritos em perturbação, sobretudo, vive a lição do bem, arrimado à caridade, pois médium sem caridade pode ser comparado a cadáver de boa aparência, no entanto, a caminho da degeneração.

53

Prisão e liberdade

Não necessariamente entre construções que coarctam os movimentos, encontra-se aprisionado o homem. O grande número de encarcerados está fora dos alcáceres de pedras e grades onde apenas alguns expungem os delitos de ontem ou atuais.

Expressiva parcela da Humanidade estagia em processos de regeneração moral, sob injunção carcerária de complexa variedade, não menos padecente do que aqueles que foram alcançados pela humana legislação e arrojados aos calabouços.

Trânsfugas do dever, delinquentes primários ou pertinazes, criminosos diretos ou inspiradores de delitos, que passaram, na Terra, ignorados, ou aqueles que lograram menosprezar os códigos da Justiça, retornam ao proscênio carnal sob rudes penas, recuperando-se para a vida enobrecida, exercitando renovação e aprendendo equilíbrio em prisões não menos coercitivas do que as erguidas pelas leis dos povos.

❖

O remorso é um cárcere impiedoso.
A paralisia constitui uma algema vigorosa.

A soledade moral e afetiva significa uma cela de austera reeducação.

A alienação mental corresponde a uma penitenciária lúgubre.

A bacilose contagiante que exige a segregação do paciente se converte em uma detenção presidiária.

A frustração perturbadora caracteriza uma cadeia em sombras.

A limitação teratológica expressa uma rígida muralha que aprisiona.

O pessimismo contumaz corresponde a uma alcáçova que retém o culpado.

A limitação orgânica e psíquica reflete um presídio estreito e constritor.

A ignorância pertinaz torna-se uma enxovia onde não luz a esperança.

Prisioneiros são todos os que experimentam essas e equivalentes outras condições, embora muitos deles transitem pelas avenidas e parques do mundo, em aparente liberdade.

Liberdade, porém, é situação íntima, defluente das conquistas logradas a penates de sacrifício, de estudo, de realização enobrecida.

Ensinou Jesus com vigor, oferecendo um conceito que dispensa qualquer retoque: "Busca a verdade, e a verdade te libertará."

❖

Onde quer que te detenhas, no processo evolutivo impostergável, busca a verdade e incorpora-a ao teu cotidiano, a fim de que paires em liberdade, sem qualquer grilhão ou cárcere que te limitem os passos ou os voos na busca da felicidade.

54
Aspiração e método

Se pretendes a inspiração dos Espíritos superiores, faze-te fiel ao programa de elevação moral, facilitando-lhes o intercâmbio mental.

Se aspiras pela convivência com as Entidades felizes, realiza com o teu próximo o que pretendes receber dos benfeitores espirituais.

Se anelas por uma identificação perfeita com os numes tutelares, corrige as imperfeições que te bloqueiam os centros de registro psíquico, de que eles se utilizam para os cometimentos enobrecedores.

Se aguardas o apoio dos mentores desencarnados, não descures do equilíbrio emocional, mantendo uma atitude de paz interior.

Se programas tornar-te instrumento dos instrutores da Humanidade, reserva-te um clima de dignidade moral, que lhes faculte a indispensável identificação contigo.

Se persegues o contato direto com os Nobres Construtores da Vida, esforça-te para estar sempre às ordens deles, esquecido de ti mesmo e em condições de atendê-los com proficiência quanto destreza.

❖

Todos desejamos o auxílio divino e gostaríamos de ter ao lado os venerandos apóstolos do bem.

É muito nobre a aspiração, que se pode converter em realidade. Todavia, quando se pretende algo de relevante, há de se pensar na soma de investimento que se pretende fazer.

O astro que fulge, grandioso, converte massa em energia para lograr o resultado luminífero.

O fruto que sustenta a vida retira da flor a beleza e vitalidade.

O móvel de estilo sacrifica a árvore vetusta.

Para que os abnegados Espíritos de luz se confraternizem mais amiúde contigo, esperam que te eleves, sem a exigência de que eles experimentem as rudes contingências da faixa vibratória onde estagias.

❖

Mediunidade é somente faculdade que enseja o intercâmbio entre mentes que se expressam mediante o corpo ou sem ele.

A qualidade moral dos que se comunicam é resultado das conquistas que o medianeiro logra, no esforço que deve empreender a cada dia e a toda hora, para a própria superação e crescimento interior.

Os bons Espíritos certamente preferem os bons médiuns, aqueles que se educam e são fiéis ao compromisso abraçado, disciplinando-se e exercitando-se na academia da caridade, na qual se credenciam para a escalada à sublimação intransferível.

Sem tal denodado esforço, a convivência com os seres angélicos é impossível, não porque eles se escusem, mas por falta de meios humanos para senti-los e fruí-los, marchando sob a inspiração deles e tombando, em caso contrário, por negligência, sob o comando de outros desencarnados, já que, em verdade, ninguém nunca segue a sós...

55

Pressentimentos

Antes de suceder o fato, ondas vibratórias atingem aqueles que serão seus protagonistas.

Irradiações dos sucessos em desdobramentos sempre alcançam os que são móveis ou partícipes deles.

As ondas mentais disparadas na direção das pessoas atingem-nas, não poucas vezes.

As faixas vibratórias, nas quais o psiquismo se demora, emitem as informações de que se carregam, sendo captadas por outras mentes.

Todos esses tipos de registro podem ser tomados na conta de pressentimentos. Todavia, o pressentimento diferencia-se de premonição como da telepatia. Mais se liga à profecia, caracterizando-se por uma certa ascensão afetiva ou sentimental.

Nebulosos ou nítidos, os pressentimentos anunciam ocorrências que sucederão, estabelecendo um intercâmbio entre a fonte geradora e a mente receptiva.

Misericórdia divina, essa percepção, a fim de premunir o homem com os recursos da coragem e da resignação para os acontecimentos que não pode mudar; favorecendo com forças, a fim de modificar as ocorrências que podem e devem ser alteradas; auxiliando com expectativas felizes, a fim de oferecer júbilos nos momentos dos sucessos futuros.

Certamente, nem sempre as informações são recebidas com a necessária clareza, de modo a bem definir o que está por suceder. No entanto, o homem probo, o cristão, sabe que vivendo num mundo de intercâmbios eleva-se, mediante a prece ao Criador, e procura sintonizar com os seus benfeitores espirituais, que providenciarão os valores de que se enriquecerá, de modo a capacitar-se para o tentame.

Quando não seja possível melhor clarificar a questão, eles ampararão o tutelado, inspirando-lhe soluções que, noutras circunstâncias, não ocorreriam.

❖

Na dúvida, ora.
Na certeza, ora.
Em qualquer situação, ora.
Entre fazer ou não praticar o bem, realiza-o.
Na perspectiva de um dissabor, examina melhor a realidade do fato e age, tendo em vista o bem geral.
Tuas ações, tua vida.
Conforme agires hoje, escreverás a história do teu futuro.

❖

Paulo pressentia o que o aguardava em Jerusalém e, advertido das dores que o esperavam, desceu à Capital de Israel para testemunhar o amor a Jesus, oferecendo-se como carta viva da Boa-nova.

Os discípulos, advertidos quanto aos martírios que os aguardavam, pressentiam a hora, mas não recuavam, já que dessa atitude resultavam bênçãos para os que viriam depois.

Oferenda

Estêvão, no primeiro encontro com Saulo, pressentiu as dores que iria experimentar, não obstante, orando, entregou-se ao sacrifício.

Jesus conhecia todas as fraquezas dos companheiros; apesar disso, amou-os com dedicação total, confiando-lhes as tarefas de preparação do futuro.

Quando pressintas algo afligente, não te entregues a um sofrimento antecipado.

Unge-te da paz, que deflui da prece, e aguarda, confiante.

56

Jesus sabe

À tua frente estende-se a gleba imensa, desafiadora, convidando-te ao seu arroteamento.

Não te consideres impossibilitado de servir, nem arroles dificuldades, num somatório de receios injustificáveis.

Todo ministério, por mais insignificante pareça, exige sacrifício e abnegação.

❖

Rogaste a bênção da reencarnação com planos para ressarcir o passado espiritual negativo.

Este é o teu ensejo de recuperação.

Naturalmente, defrontarás o pretérito nas roupagens inesperadas da tentação, ou dos problemas afligentes, ou das incompreensões, impondo-te severas dores.

Rejubila-te, antes que te deixes entristecer.

Avalia-se a excelência de uma tarefa pelas resistências que provoca.

Mensura-se o valor de um herói pela sua capacidade de luta e de renúncia.

❖

Os discípulos do Evangelho sempre nos encontramos em faina de incessante renovação.

O labor da reforma íntima, no seu impositivo de urgência, é impostergável.

Por isso, não te preocupes, não te atormentes, em face do que os outros pensam ou fazem relacionado contigo.

Faze o que deves fazer da melhor forma que te esteja ao alcance.

Quem se detém a examinar as dificuldades que deve vencer, ao galgar a montanha, nega-se à visão das alturas.

Quem receia saltar abismos, dificilmente logrará atingir as metas, na viagem a que se propõe.

❖

Desde que trazes Jesus no coração, insculpido pelos testemunhos do teu devotamento, ama sem cessar e serve sem receio.

Haja o que houver, doa-te sem olhar para trás.

Aqui, é a enfermidade que te assalta; ali, é o fantasma do medo que te ameaça; além, é a maledicência que urde a rede da intriga contra ti; mais longe, é o reproche gratuito que te fere; adiante, é a acusação indébita que te alcança...

Não te detenhas, porém.

Segue adiante, consciente das tuas responsabilidades e deveres.

Não te preocupes se os outros sabem ou conhecem as lutas, a nobreza dos teus propósitos, a santificação dos teus objetivos, ou as dores que carregas, na condição de servidor do Cristo...

Jesus sabe.

❖

É importante que pises sobre cardos, sem impor aos teus irmãos sacrifício igual.

Se a incompreensão alheia propuser mais dores pelo teu caminho, ainda assim, prossegue.

❖

Jesus, um Espírito Puro, somente recebeu, na Terra, incompreensões e críticas, amargura e opróbrio, embora Suas mãos estelares sempre estivessem espargindo bênçãos de amor e paz.

Não obstante coroado de espinhos e crucificado, num assassinato hediondo e frio, prosseguiu amando os Seus perseguidores, voltando à sua convivência, em extraordinária ressurreição e ajudando-nos, até hoje, na edificação da felicidade íntima, com que um dia alcançaremos a plenitude da harmonia.

❖

Não te atemorizes, portanto, nunca, entregando-te a Ele e a Ele servindo com alegria, porque, a respeito de todos e de tudo, jamais te olvides: Jesus sabe.

57

Esclarecimento e escândalo

Vez por outra, a cizânia imiscui-se entre os trabalhadores do Evangelho, tentando lançar uns contra os outros, em nome da defesa da verdade, de que cada qual se sente depositário.

Influencia-se a mente através das hábeis manobras do sofisma e semeia-se suspeita, em combate inglório, de que se fazem *mercenários* a soldo da vaidade ou das paixões infelizes.

Parecendo defender causas nobres e ideais superiores, propagam o mal antes que o extinguem, disseminando informações doentias com deslavada satisfação.

Estão na vigília para o mal.

Nunca possuem uma palavra de estímulo para a ação dignificante. No entanto, vasculham o tremedal até encontrar material para as arremetidas furibundas.

São os fomentadores da desarticulação do programa do bem.

Como não é certo agir em desrespeito à lei, menos correto é apontar o erro alheio, gerando desconforto e caos.

Se tens algo contra alguém, vai a ele, fala com franqueza e cordialidade.

Se te eleges fiscal de alguém ou de uma causa, não sejas o relator público das mazelas deles.

Busca a quem de direito e observa o que anotaste, imbuído do sentimento edificante de ajudar.

Faze tua a tarefa de esclarecer-ajudando e a de corrigir-educando.

Em nome da verdade não leves ninguém à execração pública, auferindo os aplausos dos apaniguados do escândalo e alimentando-te como a eles com as vísceras expostas da vítima.

Como cristão, recorda-te do ensino de Jesus, a respeito da questão: "Se o teu irmão pecar contra ti, chama o infrator em segredo e fala-lhe. Se ele te ouvir, tê-lo-ás ganho. Se não te atender, leva algumas testemunhas e volta a falar-lhe. Se ele se recusa a ouvir-te, reúne a igreja e expõe o fato. Se permanecer no erro, só então poderás informar à comunidade".[1]

O codificador do Espiritismo reportou-se, igualmente, ao assunto, quando considerou que se tem o direito de chamar a atenção daquele que incorre em faltas graves e que atua incorretamente, desde que isso atenda "de preferência ao interesse do maior número".[2]

Não olvides, porém: "Como é necessário o escândalo, ai daquele que o provoca!".

❖

---

1. Mateus, 18:15 a 17.
2. *O Evangelho segundo o Espiritismo*, de Allan Kardec, cap. X – Item 21, 52ª edição da FEB (notas da autora espiritual).

Jesus, que conhecia as nossas imperfeições e deslizes, jamais se preocupou em divulgar tais erros, inclusive os daqueles que procuravam perturbar-Lhe a marcha.

Jamais deixou de ensinar, corrigir e amparar, sempre conferindo oportunidade de edificação ao caído em engodo, sem o infelicitar mais, exibindo-lhe as mazelas diante do público.

Esclarece e ajuda.

Escândalo, não, nunca, pois ele perturba e conspira contra a paz de todos, destruindo-a, inclusive em ti mesmo.

58
Permanente Natal

Toda a urdidura das paixões humanas e dos interesses imediatistas, através dos quase dois milênios, não conseguiu ensombrar-Lhe o majestoso berço de luz.

Os conflitos engendrados pelas opiniões precipitadas e maquinações escolásticas não lograram diminuir a excelsa pureza da Sua vida.

O vigor e a força da Sua palavra, apoiados na mansuetude e na pacificação, têm vencido os séculos que se ensanguentam e enlutam sem tornar-se, embora os dominadores transitórios do mundo, mensagem de força.

Tudo quanto a Ele se refere é pulcro e poético, não obstante portando energia vitalizadora com que Sua voz supera o clamor das multidões desvairadas, no suceder dos tempos.

Elegendo a pobreza e a humildade, Ele engalanou a História com os mais expressivos tesouros de dignificação humana e engrandecimento moral, oferecendo as mais importantes páginas do heroísmo e da santificação na Terra.

O poema que cantou, musicado pelo amor, à medida que se sucederam os evos, mais ecoa na acústica das almas, arrebatando os homens e levando-os a uma união sinfônica de todas as aspirações e ansiedades numa só emoção: a da harmonia perfeita!

Insuperável, Jesus prossegue o triunfador diferente nas canchas e arenas do mundo.

❖

Krishna, Buda, Confúcio, Hermes, Sócrates e Platão, precursores da Sua Mensagem, prepararam a gleba do pensamento para que Ele ensementasse a palavra de vida libertadora.

Zoroastro ontem e Bahá'u'lláh hoje, Francisco de Assis e Allan Kardec, Seus embaixadores, destacando-se da multidão dos construtores da fé, no mundo, se encarregaram de mantê-lO insculpido no metal nobre dos sentimentos humanos.

Os guerreiros passaram pela Terra, temidos e odiados...

Os construtores de povos transitaram na História, arbitrários, entre lauréis e pavores...

Os governantes violentos brilharam por um pouco nos cenários do mundo e se apagaram no silêncio do túmulo...

Ele, todavia, herói particular e guerreiro do amor, elaborou um Código Sublime com o qual vem erguendo a Humanidade, afável e sobrevivente aos destroços dos tempos de todos os tempos...

Jesus é o protótipo da perfeição, que constitui "Modelo e Guia" para a criatura humana na sua áspera marcha ascensional.

Sobrepairando todas as conjunturas, prossegue o Condutor nosso e alvo para todos nós, que Lhe buscamos seguir as pegadas.

❖

Seu Natal, em um momento da Humanidade, extrapola do calendário e torna-se o instante em que cada alma Lhe dá guarida na manjedoura do mundo íntimo, facultando Seu nascimento e vida, a partir de então.

Apesar desse permanente Natal, aquele marco poderoso da Sua chegada, que dividiu e sulcou profundamente a historiografia da vida terrestre, continua sendo a claridade inapagável de um berço tosco que se fez Via Láctea iridescente, incrustada no velário da noite moral, social e humana, em que a Divindade reafirmou, num ato de amor, o Seu Amor pelas criaturas, enviando às sombras dominadoras do planeta terrestre o Filho Amado, para uma perfeita identificação entre a criatura e o Seu Criador, para todo o sempre.

59
Surpresa e saudade

Em considerando a inelutável ocorrência do fenômeno da morte, expressiva maioria das criaturas humanas diz-se surpresa quando convidado alguém amado ao decesso carnal.

A própria inevitabilidade da morte, por si, impõe a necessidade de uma atitude mental compreensiva, para cujo cometimento todos os seres orgânicos são constituídos.

A morte é estágio final do processo fisiológico, não cessação da vida.

A cada instante que passa, morre-se um pouco no corpo, enquanto se renovam células e moléculas, elaborando novas combinações orgânicas.

A morte, por isso mesmo, não pode constituir surpresa, tendo-se em vista que faz parte integrante da vida. Ela não consome a vida, mudando, apenas, a estrutura da forma.

❖

Quando convidado às reflexões profundas, em face da desencarnação de um ser querido, evites cair no aturdimento e na revolta, a fim de que não derrapes pela blasfêmia irresponsável ou pela alucinação infeliz.

Medita, quanto possas, em torno do fenômeno da morte, a fim de que te habitues com ela e não sejas surpreendido quando te visite.

Cuida de manter uma posição emocional equilibrada, porquanto os que morrem afastam-se, fisicamente, de ti, mas não se te desvinculam.

Teus pensamentos de desespero chegam-lhes e os atingem com altas cargas vibratórias perturbadoras.

As conjecturas rebeldes a que te entregas emitem dardos certeiros que os ferem.

A mágoa e o inconformismo a que te deixas arrastar logram alcançá-los por processos telepáticos deprimentes, que os angustiam e aturdem.

Se sentes saudade, é muito natural, desde que não extrapoles da recordação dorida para a fixação malsinada, mediante evocações pouco procedentes.

❖

Os Espíritos sentem-se felizes quando lembrados pelo carinho dos afetos terrenos, que agem e pensam com ternura neles, auxiliando outrem por amor a eles.

As palestras edificantes e os comentários dignos em torno deles, como a oração intercessora, chegam-lhes na forma de bálsamo, se sofrem, de estímulo e encorajamento em qualquer circunstância.

❖

Não exclames desesperado, como se estivesses desamparado: – "E agora, que será de mim?!".

Oferenda

Se amas o ser que partiu, pensa, também, como estará, que lhe sucederá, neste momento, e procura auxiliá-lo com renúncia pessoal, porquanto aquele que desencarnou, não se havendo consumido no nada, tem necessidade de ajuda.

Não há transformação mágica para ninguém, porque lhe sucedeu a perda da roupagem carnal.

Cada um se encontra além do corpo com a bagagem que conduz, armazenada durante a experiência física.

❖

Quando alguém desencarna vitimado por um acidente de veículo ou por um distúrbio orgânico imprevisto, não se desprende por acaso ou punido pela Soberana Vontade... Ora e tem paciência.

Há dores mais graves e problemas mais difíceis de suportados do que a morte, que não podes imaginar.

Se parte na direção da Vida Abundante uma criança ou um adolescente, não acredites injusta a ocorrência.

A idade jovem, rapidamente encerrada, é bênção que faculta diferente mecanismo de evolução a benefício do Espírito em crescimento.

Se desencarna na maturidade ou na velhice, não penses que poderia demorar-se um pouco mais, a fim de não incorreres em descabido egoísmo.

Ignoras o que poderia acontecer-lhe. As conquistas que ele granjeou, como a Misericórdia Divina sempre presente, impedem que seus resgates morais se expressem em forma diversa, mais angustiante...

Sem surpresa, embora com saudade, considera e medita sobre a desencarnação dos a quem amas.

Afinal, por mais longa se te pareça a vida física, ao concluí-la, descobrirás quanto foi breve e como passou rápido.

❖

Reencontrarás aqueles amores que te anteciparam na morte, quando te soe a hora da partida.

Virão receber-te com carinho, se lhes honraste a memória, ou esperar-te-ão em agonia, se não se prepararam, a seu turno, nem de ti receberam a colaboração eficaz do amor.

Procede a considerações equilibradas em torno da morte, e ama sem posse, sem queixa, sem rebeldia.

Em chegando o momento da tua desencarnação, que virá, recebe a bênção da morte libertadora ungido de reconhecimento e de paz, com que volverás à Vida plena e total.

60

Render graças

Rende graças a Deus por todas as dádivas da vida, no mundo maravilhoso em que te encontras, onde trabalhas e progrides.

Rende graças a Deus pelas dificuldades que defrontas, desafiando-te para o crescimento espiritual a que estás destinado.

Rende graças a Deus pelas enfermidades que lapidam as tuas arestas morais, ensinando-te paciência e liberdade.

Rende graças a Deus pela fé que te ilumina o caminho de ascensão, impossibilitando que as sombras dominantes constituam impedimento à tua marcha.

Rende graças a Deus pelos amigos, que são estímulo e amparo na senda iluminativa, mas também pelos adversários que se convertem em mestres rigorosos e fiscais severos, auxiliando-te a errar menos.

Rende graças a Deus por tudo quanto te acontece, todavia, não te olvides de agradecer o mal que te não alcançou e os dissabores que te não chegaram.

Sempre há motivo para render graças a Deus:
– o bem que se recebe e o que se pratica;
– a paz que se haure e a que se proporciona;
– a alegria que se frui e a que se faculta;
– o labor que se exerce e o que se doa;
– a lição que se aprende e a que se ensina;
– as lágrimas que se vertem e as que são poupadas;
– as renúncias que se impõem e as que a ninguém são impostas;
– os testemunhos que se dão, não os exigindo ao próximo;
– os silêncios pela harmonia geral, que se fazem necessários, não os propondo aos outros;
– os ressentimentos que são superados, sem esperar que se lhe façam o mesmo...

❖

Agradece sempre a Deus.

No júbilo ou na prova, na paz ou na luta, na saúde ou na doença, na multidão ou na soledade, agradece ao Pai Criador a dádiva da vida.

Em qualquer circunstância, todos os dias, faze do reconhecimento o teu hino de louvor e de ação no bem os motivos da tua existência, orando e rendendo graças a Deus, sem cessar e sem cansaço.